JORGE MUNIAIN

DOCTOR EMPLEO

SÍNTOMAS, DIAGNÓSTICO, MEDICINA y TRATAMIENTO PARA
ENCONTRAR EMPLEO EN 90 DÍAS

AGUILAR

Doctor Empleo

Síntomas, diagnóstico, medicina y tratamiento para encontrar empleo en 90 días

Primera edición: septiembre, 2020

D. R. © 2020, Jorge Muniain

D. R. © 2020, derechos de edición mundiales en lengua castellana:
Penguin Random House Grupo Editorial, S. A. de C. V.
Blvd. Miguel de Cervantes Saavedra núm. 301, 1er piso,
colonia Granada, alcaldía Miguel Hidalgo, C. P. 11520,
Ciudad de México

www.megustaleer.mx

ISBN: 978-607-319-682-6

Impreso en México – *Printed in Mexico*

El papel utilizado para la impresión de este libro ha sido fabricado a partir de madera
procedente de bosques y plantaciones gestionadas con los más altos estándares ambientales,
garantizando una explotación de los recursos sostenible con el medio ambiente y beneficiosa para las personas.

Penguin
Random House
Grupo Editorial

Mientras escribía este libro descubrí, conforme los capítulos se desdoblaban en mi mente, que refleja las contribuciones de todas las personas que han tocado mi vida. No podría haberlo escrito sin todas las experiencias y pláticas que mantuve con mis clientes, amigos y familia.

Para mis hijos, Ximena y Juan Pablo, quienes me motivan a ser un mejor coach cada día.

Para mi mamá y mis hermanos, Martha, Marcela y Alejandro, por su ayuda incondicional.

Para mi novia Fernanda, por su gran amor y cariño.

Para todo mi equipo en AMEBOT y Montgomery Duncan Executive Search.

Y para ti, lector, ¡ésta es tu oportunidad de actuar!

CONTENIDO

INTRODUCCIÓN

Tanto si crees que puedes,
como si crees que no, estás en lo cierto.
HENRY FORD

Hace más de 20 años perdí mi trabajo. Recuerdo que era bastante joven, ingenuo, con poca experiencia, casado y sin hijos. Más de tres veces volví a caer en el desempleo. Sin embargo, esa primera vez cambió mi vida increíblemente porque encontré mi verdadera pasión: el reclutamiento y la capacitación dirigidos a desempleados y buscadores de empleo. De esta manera, el 60% de los desempleados descubre su pasión: en un momento extraño y difícil. Motivar a las personas y mostrarles el camino para encontrar trabajo se volvió mi objetivo y vocación.

Como cazatalentos, he colocado a más de 200 ejecutivos en empleos interesantes, con atractivos sueldos y planes de carrera excelentes. He documentado más de 40 historias de éxito, mismas que utilizo para motivar a otros en las mismas dificultades. He impartido cientos de cursos y conferencias en México y otros países. He vertido mi experiencia en tres libros —*Como te vendes te contratan, Encuentra empleo ¡ya!* y *Reclutamiento inteligente*—. Cuento con un sitio web (www.amebot.com) de asesoría para la búsqueda de empleo. Y de manera voluntaria he colaborado con la Academia Mundial de Empleabilidad y Bolsas de Trabajo (AMEBOT) en la certificación de universidades en materia de empleabilidad para ayudar a los estudiantes a volverse más empleables y expertos buscadores de empleo, con el fin de contribuir a la reducción del desempleo en

México y el mundo. En resumen, pasé de ser desempleado a experto en empleabilidad.

Recuerdo que un día, al terminar una sesión de coaching, mi coacheado, (la palabra correcta es *coachee*), me dijo: "Usted es como un doctor, pero de empleo". Y es que, a lo largo de mis años en este medio, llegué a comprender el impacto del desempleo en el estado anímico de quien lo sufre. En su búsqueda hay frustración, preocupación, baja autoestima. Su motivación se esfuma poco a poco, lo cual afecta en tiempo y forma en sus intentos; su productividad para detonar opciones de empleo de reduce casi a cero. Sus familias lo resienten. Sus deudas incrementan. Algunos incluso se depriman.

Me di cuenta de que, al perder el empleo, necesitamos platicar con alguien. Son tiempos difíciles. Queremos que nos escuchen, nos apapachen, nos ayuden a entender. Por ello, con el apoyo de un amigo, pariente, mentor, médico o coach, buscamos liberarnos de las preocupaciones y emociones contenidas para sanar la pérdida, enderezar el camino y poner manos a la obra con acciones concretas que nos ayudarán a alcanzar nuestra meta.

No obstante, cada sesión con un buscador de empleo me ha dejado grandes aprendizajes e innovadoras ideas para atacar el problema. Gracias a estas terapias he desarrollado dos metodologías que a mis clientes les permitieron encontrar empleo en menos tiempo del estándar, al encaminar sus esfuerzos e incrementar su motivación al máximo. Ver los resultados me emociona cada día más, pues el camino que descubrí la primera vez que perdí mi empleo se ha convertido en uno muy gratificante para mí.

El 2020 ha sido tanto para México como para el mundo un reto para el empleo. Enfrentamos un desajuste económico causado por la pandemia de covid-19 que llegó a cambiar el juego en cuanto a la empleabilidad. Cientos de miles de empresas reclutarán de manera distinta o remota, al igual que millones de personas desplazadas por la crisis estarán buscando trabajo. Sin embargo, sólo aquellos que se capaciten y se adapten a la nueva realidad lograrán encontrar el empleo de sus sueños en un menor tiempo.

Este libro es un breve compendio de mis años como coach de buscadores de empleo. He reunido las preguntas y respuestas más comunes de decenas de desempleados y he estructurado mi método en cuatro consultas en las que podrás identificar tus síntomas, hacer un diagnóstico, seguir mi tratamiento y poner manos a la obra con mi plan de acción de 90 días para conseguir trabajo.

Doctor Empleo busca ser una herramienta didáctica y accesible para quien sufre los males del desempleo. Siguiendo la metáfora, como todo médico, recomiendo tomar acciones y medicinas; sin embargo, si éstas se toman de forma irregular, no permitirán la recuperación total en el tiempo estimado. Pero si tú llevas a cabo el tratamiento según lo indicado, te garantizo que en sólo 90 días lograrás lo que anhelas. No hay tiempo que perder, ¡encuentra empleo ya!

SÍNTOMAS

*El secreto para cambiar tu vida es enfocar toda tu energía,
no en luchar con el pasado, sino en construir lo nuevo.*

SÓCRATES

El paciente, un tanto ansioso y escéptico, pero también emociona-do, llega a tiempo. Entra a un edificio, toma el elevador, sale al pasillo, toca la puerta del consultorio 202. El Doctor Empleo abre la puerta.

—Mucho gusto, Juan. Pasa y toma asiento en ese sillón rojo.

El paciente camina hasta el mueble indicado. Deja su maletín a su costado y se pone cómodo.

—A ver, Juan, antes que todo, me presento. Me llamo Jorge Muniain, soy un reconocido *headhunter*, lo que en español conocemos como *cazatalentos*. Me dedico a buscar perfiles de personas que puedan cubrir vacantes de las grandes empresas, a buscar oportunidades laborales para profesionistas y al coaching de personas que buscan insertarse en el campo laboral y desean mejorar su empleabilidad para encontrar el trabajo de sus sueños. Ahora cuéntame de ti: hacia dónde vas, a qué te dedicabas antes.

—Bueno, yo estudié Contabilidad en una universidad pública y hasta hace poco laboraba como contador para un laboratorio pequeño. Tengo diez años de experiencia y ya llevaba siete en la empresa. Entré como asistente contable y fui creciendo poco a poco. Incluso llegué a la gerencia en Finanzas, pero la situación actual generó recortes y también me tocó a mí. Llevo diez años casado y tengo dos hijos.

—Pues mucho gusto, Juan. Mira, antes de empezar la primera sesión, me gustaría conocer qué es lo que esperas de esta asesoría y por qué y para qué consideras que estás aquí realmente.

—Pues no sé, imagino que la finalidad de estas consultas es encontrar empleo, ¿no? —dice Juan, algo escéptico.

—No exactamente, Juan. Te explico. Encontrar empleo será el resultado de las acciones que realices. Estas sesiones te permitirán identificar, trabajar y eliminar todos los obstáculos que tienen bloqueada o estancada tu búsqueda de trabajo, o bien, con muy bajos resultados. El objetivo es aprender de este ejercicio, enfocarte en acciones verdaderamente productivas que te permitan alcanzar tu potencial y, por supuesto, encontrar el empleo que deseas.

"Eventualmente, te darás cuenta, como todos mis pacientes, de que la finalidad de estas sesiones es la automotivación y el mejoramiento de tu capacidad de *empleabilidad*. Para ello tienes que conocer exactamente los pasos que debes de dar y asegurarte de ejecutar las acciones que te planteo, lo cual te permitirá obtener resultados en sólo tres meses. Y claro, sólo si te propones un compromiso personal para realizarlas, encontrarás empleo en poco tiempo.

"También te ayudaré con todo lo que respecta a lo técnico de tu búsqueda: currículum, imagen, cómo acercarse tanto a reclutadores como a contactos, entrevistas, etcétera... Pero, en realidad, sólo el empeño que pongas en las acciones que realices en tu búsqueda y en las entrevistas determinará que encuentres el empleo de sus sueños. ¿Sí me explico, Juan?

—Mmm, pues sí, más o menos...

—Bueno, poco a poco irás entendiendo. Por ahora, tómalo como una consulta. Me gusta mucho esta metáfora porque hace unos años una persona que estaba en tu situación me dijo que parecía un *doctor* de empleo; entonces me di cuenta de que el desempleo es como una enfermedad que aparece, da molestias durante un tiempo, afecta tu salud y tu bienestar, pero finalmente se cura con la medicina que el doctor te receta. Así que en estas cuatro sesiones personalizadas platicaremos sobre los síntomas que sientes, haremos un diagnóstico de tu situación, trabajarás algunos puntos relevantes casi como pastillas, te acompañaré en el proceso de mejoramiento de tu empleabilidad y al final recibirás un cuaderno de trabajo a modo de tratamiento con actividades y tareas clave para lograr tu objetivo: conseguir trabajo.

—Okey, creo que ya me queda más claro. Si seguimos con lo del doctor, ¡yo estoy enfermo de muerte! —exclamó el paciente desinflándose en el sillón.

—Jaja, no, para nada, Juan. No estás ni cerca, pero si no empezamos a darte un tratamiento se puede convertir en un problema crónico. Antes de empezar con las consultas formalmente, quiero preguntarte si sabes qué es la *empleabilidad* o si has escuchado esta palabra antes.

—La verdad no, pero me imagino que tiene que ver con empleo.

—Jaja, sí, de hecho. La empleabilidad es un término que puede definirse de la siguiente manera:

Empleabilidad: aptitud (y la probabilidad) que tiene una persona de ser contratado por una empresa, a partir del nivel de competencias, habilidades, valores y carácter.

—También influyen otros factores que llamamos:

Las 10 claves de la empleabilidad

1. Autoconfianza
2. Autoconocimiento
3. Comunicación
4. Flexibilidad
5. Toma de decisiones
6. Gestión del tiempo
7. Proactividad y emprendimiento
8. Redes de colaboración
9. Competencias digitales
10. Trabajo en equipo

"Entre más claves posea una persona, mayor será su empleabilidad.

—Okey, entonces para ser *empleable* tengo que cumplir con ellas como profesionista.

—Sí. Si tú logras entender este concepto, funcionará la metodología que he desarrollado como terapia, ya que las actitudes y acciones siempre juegan un papel importante en este proceso y en el reclutamiento de las empresas. La idea es que cada día que pase puedas mejorar tu empleabilidad a la par que desarrolles estas claves en tu vida profesional en general, no sólo cuando has perdido tu trabajo.

—¿Eso quiere decir que todos somos más o menos empleables?

—Sí, y los más empleables serán los que obtengan las mejores oportunidades en el mundo laboral.

—Okey, entiendo. ¿Y cómo puedo hacerme más empleable?

—Justo en eso trabajaremos tú y yo. Pero vamos paso a paso. En primer lugar, veamos en qué estado te encuentras. La empleabilidad se presenta en tres fases:

Primer empleo: enfocado en estudiantes que recientemente concluyeron estudios académicos y buscan insertarse en el mercado laboral.

Mantenimiento o promoción: esta etapa se da cuando estás trabajando y quieres conservar tu trabajo, o bien, deseas que te asciendan de puesto o aumenten tu sueldo.

Desempleo: se trata de ser capaz de encontrar otro empleo si se ha perdido el anterior.

"Por obvias razones nos encontramos en la tercera fase. La ventaja es que los consejos que te voy a dar te ayudarán en cualquiera de las situaciones en las que te encuentres, aunque, claro, hay diferencias entre ellas. Por tanto, estas sesiones se enfocarán en tu principal objetivo: conseguir un nuevo empleo.

"Ahora vamos a analizar tus síntomas. Platícame de tu situación actual: qué emociones has experimentado al respecto, qué piensas durante la noche y, en general, cómo vives tus días últimamente.

—Mira, Jorge, ya tengo cinco meses sin empleo y, francamente, me siento bloqueado y desesperado, derrotado. Los días se me van como agua y sin mucho avance. El dinero de mi liquidación se va volando y no tengo ahorros, así que estoy muy preocupado. No sé con claridad qué quiero o qué busco, estoy confundido... y triste. Siento que me he fallado a mí mismo.

—¿Y has notado algún cambio en tu salud?

—Pues no lo había pensado, pero sí me siento cansado y sin energía. Me duele la espalda y tengo el cuello entumido como una piedra. Vivo con un malestar general que no sé si se trata de un problema de salud físico o psicológico. Se siente como cuando estás a punto de enfermarte.

—Okey, Juan, y en casa, ¿cómo lo llevas? ¿Tus relaciones personales se han visto afectadas?

—Ay, Jorge, yo creo que eso es lo peor. Aunque mi esposa suele levantarme mucho el ánimo, se desespera cada vez más cuando vuelvo de la entrevista y le digo que no me fue bien. Ella cree que no lo noto, pero al voltearme siento su mirada de lástima. Mis hijos no tienen muy claro lo que pasa, pero se han vuelto muy berrinchudos. Lloran mucho y, además, yo irritado... Sin duda, mi familia me apoya pero muchas veces me siento solo en esto.

—Pues me tirarás a loco, pero en cuanto entraste pude notar todo lo que me explicas en tu semblante y en tu postura. Tus hombros caídos como si estuvieras cargando un peso enorme, tu paso inseguro, tu frente arrugada de preocupación y tu presencia llaman la atención. Es como el cuadro clínico de una enfermedad. El doctor casi puede adivinar el padecimiento antes de que el paciente se arranque con los síntomas. Ahora imagina que esto fuera una entrevista... También el reclutador lo va notar.

—Me imagino. Seguro sólo terminan la entrevista por no dejar...

—el paciente se pasa una mano por la frente y baja la mirada.

—Dime una cosa, Juan, ¿a cuántas entrevistas de trabajo has acudido en estos cinco meses?

—A ver, deja contarlas... Creo que han sido ocho o tal vez nueve.

—Se me hacen pocas, ¿han sido... menos de dos al mes? —el paciente suspira, hace una mueca de vergüenza y asiente—. Lo usual es que un buscador de empleo tenga al menos cinco entrevistas al mes. Casi una por semana. Es decir, deberías de haber tenido como 25 o más. Tu porcentaje de productividad es de 36%, aproximadamente.

—¡Encima de todo, no soy productivo! —el paciente se agazapa en el sillón.

—Juan, no te desanimes. Esto sólo indica tres cosas. La primera es que tu currículum no impacta. La segunda es que no lo envías a las personas adecuadas, ni por la vía correcta. Y la tercera es que no estás invirtiendo el tiempo suficiente.

—¿A qué te refieres? —pregunta Juan, incómodo.

—A ver, ¿cuántas horas al día te dedicas a buscar trabajo?

—Una o dos, la verdad. Es muy cansado y uno sólo se desmotiva conforme pasa el tiempo.

—Te diré por qué inviertes tan poco tiempo: te sientes bloqueado, estás desmotivado o no sabes cuál es tu objetivo o pasión.

—Pues, eso tiene sentido... La verdad, sí...

—Bueno, vamos paso a paso. Hoy discutiremos cómo abordar tus sentimientos y problemas para que puedas encontrar tanto motivación como enfoque.

—Okey. Soy todo oídos.

—Lo primero que necesitamos comprender es que el desempleo suele ser común y normal en cualquier persona y profesionista en algún momento de su vida; por ello, es natural lo que sientes ahora, así como el miedo al cambio. Lo que pasa es que duele y esta sensación te orilla a que pases por un proceso de duelo; desde luego que esto paraliza a cualquiera.

—Pero, Jorge, no hay que ser tan dramáticos. Nadie ha muerto.

—No, no. Aclaremos que *duelo* no sólo tiene que ver con la muerte, sino con las pérdidas. Cuando te quedas sin empleo, atraviesas por el mismo proceso que cuando pierdes a una pareja, muere alguien cercano o te deshaces de algún objeto valioso. En el caso del desempleo, la sensación de pérdida surge porque sientes que no sólo pierdes tu trabajo, sino también todas las cosas valiosas que te permitía lograr, así como aquellas, igual de importantes, que podías tener. Te comunica que tu estilo de vida no volverá a ser igual. Sientes que todos los planes que habías realizado, desde que conseguiste ese puesto hasta ahora que lo perdiste, se ven amenazados y corren el peligro de irse por la borda. Te das cuenta de que este hecho ha llegado a tu vida para cambiarla y para exigirte que aprendas a adaptarte a las nuevas circunstancias. También experimentas el dolor, un sentimiento muy puro que se expresa como consecuencia inmediata; el desempleo duele, hay que vivirlo como un duelo.

—Bueno, puesto de esa manera, sí ha sido doloroso. Así que si reunimos mis síntomas, estoy pasando por un duelo.

—Así es, Juan, y como todo duelo, tiene etapas, las cuales se detonan a partir del momento en que te notificaron explícitamente que dejarías de trabajar para la empresa. Es como las estaciones del año: tienen un periodo específico de tiempo y cuando éste se consume, cede el paso a la siguiente estación. Dime, Juan, ¿habías perdido tu trabajo antes?

—Sí, hace mucho, pero no recuerdo que hubiera sido tan difícil. Además, conseguí empleo en el laboratorio al poco tiempo.

—Lo que pasa es que aun cuando hayas tenido el antecedente, cada experiencia es distinta. Aunque sepamos cómo es la primavera normalmente, cada año se manifiesta de una manera única e irrepetible. Uno cree que habrá un sol abrasador y resulta que este año hay bastantes días nublados y lluvias intensas. Algo similar ocurre con las estaciones del duelo. Por ello, necesitarás mucha paciencia y tolerancia para comprender que esta vereda tiene en torno suyo un escenario en el cual se pueden mezclar al mismo tiempo lo conocido y lo desconocido. Lo bueno es que, como dije, las etapas son finitas y su tiempo está contado.

—¡Me alegra escucharlo! Eso significa que esta incomodidad terminará en algún momento.

—Así es, Juan. Ahora vamos a conocer cada estación para que identifiquemos la etapa en la que estamos:

Etapas del duelo por pérdida del empleo

Incredulidad. Comienza cuando recibes la notificación de la desvinculación entre tú y la empresa. Independientemente de cómo haya sucedido este proceso, no das crédito a lo que está pasando y te sientes indignado, paralizado, confundido; es como una especie de *shock* emocional. Entonces vienen las frases: *no entiendo por qué a mí, estoy bien, no pasa nada, no soy ni el primero ni el último en perder el trabajo, no es tan grave, ya encontraré otro empleo, seguro es un error.* O peor, decides negar tu realidad o no contarle nada a nadie y tragarte en soledad todo lo que estás sintiendo, aunque es inútil porque la válvula de escape en algún punto se va a abrir y dejará salir todo eso que guardas en silencio y que tanto te está mortificando. Si bien esta etapa nos permite alejarnos momentáneamente de la situación desagradable para darnos la oportunidad de asimilar todo poco a poco, conviene que dure poco, pues resulta bastante desgastante.

Regresión. Es como el balde de agua que te cae cuando te das cuenta de que perdiste el trabajo, que no fue un error, que estás viviendo esta situación y que te está afectando. Tendrás reacciones tales como el llanto, el berrinche y la desesperación. Te desahogas como lo hacías en tu niñez y, por eso, lloras hasta el cansancio, a veces hasta con gritos. Por eso berreas y pateas las cosas o avientas todo lo que tienes al alcance de la mano. Te desesperas tanto que tu cuerpo te empieza a cobrar la factura: te da insomnio, sufres tics nerviosos o escalofríos, sientes que se te van las fuerzas, te niegas a comer o comienzas a comer de más y entonces surge un cuadro de gastritis o colitis nerviosa, congestión estomacal u obesidad. De hecho, puedes llegar a tener conductas irracionales y autodestructivas como fumar, beber o exponerte al peligro sin ninguna consideración.

Furia. Llegamos ahora al momento del coraje: te enojas por todo y con todos. Es tu forma de desquitarte por lo que te lastima y la manera en que amortiguamos la incertidumbre. Lo más interesante es que la furia existe en ti porque tienes la necesidad de esconder una tristeza que se manifestará tarde o temprano.

Culpa. Esta estación es una versión modificada de la anterior: toda la furia que antes habías dirigido hacia los demás ahora la diriges hacia tu propia persona. Así, arremetes en tu contra recriminándote todo lo que hiciste mal. Surge una sensación de arrepentimiento por no haber hecho lo suficiente para evitar que te liquidaran, o quizá sientes que no negociaste lo suficientemente bien como para que te reubicaran. El peligro de esta etapa es que cuando te sientes culpable tu autoestima empieza a fracturarse; te puedes sentir inseguro e inferior con respecto a los demás, y te la puedes pasar comparándote todo el tiempo y confirmando que los otros son mejores que tú, porque, claro... ¡ellos tienen empleo y tú no! Lo más irónico es que al mismo tiempo que te devalúas también te compadeces de ti mismo y terminas dentro de un círculo vicioso. Con el tiempo, esto se puede convertir en una pésima costumbre y puedes afectar terriblemente tu desempeño en la búsqueda de una nueva oportunidad de empleo.

Desolación. Ésta es la etapa más temida, el clímax de todo el duelo, el momento de la verdadera tristeza y melancolía. Justo ahora te cae el veinte de que no hay nada que hacer para recuperar el empleo perdido. Tal vez hasta ahora te ves y aceptas tu desempleo en toda la extensión del término, volteas a tu alrededor y observas con asombro que tu estilo vida ha cambiado, te das cuenta de que tienes que adaptarte a las nuevas circunstancias. Este momento desolador corre el riesgo de volcarse hacia un estado depresivo; se debe a que eliges aferrarte al pasado y sufrir por él, lo que te impide adaptarte y disfrutar del presente. La depresión surge por el hecho de que las personas dejan de hacer su tarea: buscar empleo, generar opciones, llamar por teléfono, ir a una cita, motivarse...

Fecundidad. Esta etapa es la que más me gusta y apasiona en particular. En ella volteas por fin hacia ti mismo para darte cuenta de quién eres y qué estás haciendo realmente con la vida; te preguntas y respondes qué harás a partir de ahora, y en ese juego de preguntas y respuestas se te vienen a la mente las clásicas dudas existenciales: ¿qué hago en este mundo?, ¿cuál es mi misión en la vida?, ¿qué significa el trabajo para mí?, ¿en qué quiero trabajar? En esta etapa se recupera la credibilidad en uno mismo, surge la creatividad y regresa la motivación; estás dispuesto a sacarle provecho a la vida y a llevar a cabo todos los proyectos que empiezan a surgir en la mente y en el propio espíritu emprendedor. También vuelves a ocuparte de las áreas de tu vida que habías descuidado, así que además es una buena oportunidad para compartir momentos con tu pareja, con tus hijos o con tus amigos; ir al médico, terminar de leer el último libro que compraste, titularte o estudiar otra carrera, aprender otro idioma, plantar un árbol, hacer una excursión a otra ciudad o practicar un deporte.

Aceptación. Al final del camino del duelo, debes hacerte dueño de ti mismo. Ahora te permites voltear hacia atrás y, al hacerlo, experimentas una sensación de plenitud y satisfacción por haber sorteado de la mejor manera todas las estaciones anteriores. Sientes que has vuelto a nacer y te agradeces a ti mismo por haberte reinventado. Te has convencido de que quedarte sin empleo sucedió por algo, y ahora disfrutas las ganancias del cambio, por fin has descubierto la razón de las cosas. En este punto, te das cuenta de que tu trabajo debe estar en perfecto equilibrio con tu vida personal, que no vale la pena aplazar cosas excusándote en el trabajo, que no vale la pena sacrificar lo que realmente valoras por el trabajo. Descubrirás que no debes esperar hasta que te jubiles para hacer lo que realmente quieres con tu trabajo y con tu vida.

"¿Cómo ves, Juan? ¿Te identificas?

—Totalmente. Tal vez más de lo que quisiera...

—Pues, según lo que me cuentas, considero que hoy estás entre las etapas de desolación y fecundidad, que es cuando casi todos los pacientes han perdido su motivación por ahí del tercer mes de desempleo.

—Ya veo —se ríe.

—Sí, pero gracias a esto reaccionan, se dan cuenta de que no pueden solos y entonces piden ayuda. Ahí es donde entramos nosotros. ¿Conoces el *efecto champán*?

—No.

—Bueno, se trata del proceso que viven las personas que pierden su trabajo: el desempleado empieza su búsqueda con mucha euforia, pero ante la falta de resultados poco a poco empieza a perder fuerza y se desmotiva. Entonces busca menos y se cae o se empantana. Justo como la espuma del champán. Un estudio elaborado recientemente por la empresa Adecco indica que esta situación afecta especialmente a las personas que se mantienen desempleadas por más de 5 meses.

—Vaya que tiene sentido.

—Bueno, ahora vamos al origen de la enfermedad: ¿por qué crees tú que perdiste tu trabajo?

—Pues... porque me corrieron —dice con la mirada baja después de una pequeña pausa.

—No, Juan, no considero que fuera exactamente así. Las razones principales por las que las personas son despedidas, renuncian o se cambian de empleo son, en mi experiencia, muy obvias. Te voy a decir algunas, y si sientes que una no aplica contigo, me detienes:

Te corrieron porque...

- ► Te equivocaste en algo.
- ► La empresa iba mal.
- ► Le caías mal a un compañero o a un jefe.
- ► Estabas desmotivado. Dejaste de trabajar duro, de ser creativo o de proponer ideas, de participar. Abandonaste algunas responsabilidades y perdías el tiempo.
- ► No te apasionaba ese trabajo y te quejabas más de lo normal.

"Levantarte para llegar a tu trabajo era un martirio.

—Siendo honestos, sí a todo un poco.

—Pues déjame darte la buena noticia: ¡a ti no te corrieron! Tú, inconscientemente, querías salir de ese trabajo. Ya no estabas contento y, en consecuencia, dejaste de echarle ganas. No estoy insinuando que fuera tu culpa. Más bien estoy diciendo que eso iba a pasar tarde o temprano porque tú ya no eras feliz ahí. ¿Me entiendes?

—Creo que sí... tiene sentido —dice el paciente dubitativo.

—Entonces qué bueno que eso pasó, ¿no crees? Si no te hubieran corrido, seguirías ahí. Tal vez quejándote o desanimado, y lo peor de todo, ¡perdiendo más tiempo y oportunidades valiosas que casi nadie tiene! Lo importante en esta primera sesión es borrar esos sentimientos de culpa porque sólo así desbloquearás tu mente para tomar acciones lo antes posible. No conozco a nadie a quien hayan corrido de un trabajo que ama o de un empleo que le apasiona.

—Claro, en realidad, no me sentía a gusto desde hacía meses, pero no había pensado en renunciar por miedo a, bueno, estar como ahora estoy.

—Bueno, Juan, pues tal vez te faltaba un empujoncito.

—Jaja, ah, no, bueno, qué buen empujoncito me dieron, ¿eh? —dice Juan soltando una carcajada.

—Sí, pero estar desempleado te ha hecho salir de tu zona de confort y ahora te permites iniciar el proceso de duelo para digerirlo, comprenderlo y transformarlo. Estoy seguro de que esta aventura nueva en tu vida desencadenará beneficios en tu desarrollo como persona. Descubrirlos te motivará a iniciar el camino.

—Totalmente de acuerdo. ¡Estoy listo!

—Bien, Juan, próximamente comenzaremos con tu proceso. Por hoy, terminamos con la sesión. Cierra los ojos y repite después de mí: *Mi desempleo es el resultado de la necesidad que tenía de un cambio.*

—Mi desempleo es el resultado de la necesidad que tenía de un cambio —dice en voz baja el paciente.

—Okey. Repite otra vez.

—Mi desempleo es el resultado de la necesidad que tenía de un cambio.

—Cierra los ojos y dilo una vez más.

—Mi desempleo es el resultado de la necesidad que tenía de un cambio.

—Ahora di: *Iniciemos el cambio. Hoy inicio el cambio.*

—Iniciemos el cambio. Hoy inicio el cambio.

El paciente agradece al doctor al finalizar la sesión. Se levanta, camina hacia el elevador y sale del edificio un poco más ligero y hasta algo emocionado. *Hoy inicio el cambio*, se repite una y otra vez en la mente.

ACTIVIDADES

SÍNTOMAS

El desempleo duele, trae malestares, te baja la energía. Marca los síntomas que sientes.

SÍNTOMA	
___ Dolor de cabeza y cuello	___ Desgano
___ Distracción o confusión	___ Colitis
___ Depresión	___ Comer en exceso
___ Dolor de espalda	___ Salud débil
___ Desesperación	___ Compararse con los demás
___ Tics nerviosos	___ Arrepentimiento
___ Gastritis	___ Tristeza
___ Falta de apetito	___ Melancolía
___ Ansiedad	___ Baja autoestima
___ Descuido de las relaciones personales	___ Desolación
___ Problemas familiares	___ Falta de motivación
___ Negación	___ Irritabilidad
___ Llanto	___ Nuevos vicios
___ Culpa	___ Soledad
___ Insomnio	___ Actitud de víctima

Las 10 claves de la empleabilidad

¿Qué tan desarrolladas tienes las claves en ti mismo? Pon una palomita en la casilla que corresponda

CLAVES	NIVEL BAJO	NIVEL MEDIO	NIVEL ALTO
Autoconfianza			
Autoconocimiento			
Comunicación			
Flexibilidad			
Toma de decisiones			
Gestión del tiempo			
Proactividad y emprendimiento			
Redes de colaboración			
Competencias digitales			
Trabajo en equipo			
¿Qué hacer?	**ATENDER** Debes enfocar tu atención en ellas hoy mismo. Diseña un plan para desarrollarlas. Podrían ser los puntos que te alejan de tu trabajo soñado.	**MONITOREAR** Tu desempeño es aceptable, pero podría mejorar. Debes desarrollarlas aún más para que se vuelvan tus ventajas competitivas.	**REFORZAR** Eres muy bueno con estas claves y son tu punto fuerte para mejorar tu empleabilidad. Sigue puliéndolas.

Anota las tres claves que has desarrollado menos comprométete a mejorarlas.

....

....

....

Etapas del duelo

Quedarte sin empleo es una pérdida. Identifica en qué etapa estás y qué debes hacer para seguir avanzando.

ETAPA	¿CÓMO ME SIENTO?	¿QUÉ DEBO HACER?
Incredulidad		
Regresión		
Furia		
Culpa		
Desolación		
Fecundidad		
Aceptación		

DIAGNÓSTICO

*Amar la vida a través del trabajo
es intimar con el más recóndito secreto de la vida.*

KHALIL GIBRAN

Al día siguiente, a la misma hora, el paciente entra en el consultorio. El doctor está por terminar una consulta con el exgerente de recursos humanos de una empresa multinacional que fue despedido ocho meses atrás. Se veía enfocado, entusiasta y motivado. *Seguro tendrá varias entrevistas*, pensó Juan.

—Adiós Pablo, mucho éxito, estamos en contacto. Pasa por favor, Juan, gracias por ser puntual.

El paciente entra y se acomoda en el sillón rojo. Está listo para empezar con el cambio.

—La sesión pasada platicamos sobre los síntomas del desempleo. Descubrimos que sientes dolores tanto físicos como emocionales y también que te encuentras te encuentras en la etapa de fecundidad del duelo. Finalmente, cerramos con la idea de hacer un cambio significativo, ¿no?

—Así es. Desde entonces me he repetido la frase que me dijiste y, aunque resulta obvio que necesito un cambio, no sé qué es lo que tengo que modificar.

—Para allá vamos, Juan. Hoy nuestro objetivo será obtener el diagnóstico de tu situación. La desmotivación que identificamos la vez pasada nos da una pista importante.

—Sí, me quedé pensando en ello y es verdad que no estaba a gusto en mi trabajo. Así que ahora me doy cuenta de que estaba desmotivado, pero es peor ahora porque no he podido conseguir trabajo.

—Es correcto. Ahora veremos cuál es la razón principal de tu desmotivación.

—Dímela, Jorge, por favor.

—El Dalai Lama dijo que "No importa qué tipo de dificultades pasemos, ni lo dolorosa que sea la experiencia, perdemos la esperanza y si desconocemos nuestra ruta, ése es nuestro verdadero problema". *Ruta* es un concepto clave en el budismo tibetano que se forma a partir de tres palabras:

RUTA = RUMBO, **T**IEMPO Y **A**CCIÓN.

"Juan, estás desmotivado porque has perdido la RUTA. Hoy no tienes un *rumbo* claro; noto que no sabes qué quieres o hacia dónde vas. Has aprovechado muy poco el *tiempo* al dejar pasar cinco meses (¡más de 150 días!) y las *acciones* que has realizado han sido insuficientes y deficientes.

—Tienes razón... Creo que en el fondo lo sabía... —dice el paciente, avergonzado.

—Bueno, lo importante es reconocerlo, hacerlo consciente y poner manos a la obra. Pero no estás solo. Juntos vamos a definir objetivos y metas específicas a cumplir. Te voy a enseñar a cuidar tu tiempo y a usarlo de forma más productiva. También te voy a indicar las actividades que necesitas llevar a cabo para que en sólo 90 días cuentes con una o varias opciones de empleo. Vas a recuperar tu RUTA y, con ello, la esperanza y la motivación que necesitas para buscar con fuerza. ¡Ya verás!

—¡Venga, pues!

—¡Eso! Así se habla. Entonces empecemos con el primer concepto: el *rumbo*. ¿Tú sabías que el principal problema del desempleo es la falta de objetivos específicos y de una dirección clara? Más de 70% de los desempleados no sabe qué es lo que quiere ni qué busca; no conoce su pasión o no la busca. En consecuencia, deja pasar el tiempo y no actúa. Ahora dime, Juan, ¿tú consideras que el mundo de las finanzas es tu pasión? ¿Te emociona la contabilidad?

—Pues más o menos, Jorge... Toda mi vida he estado en áreas financieras y contables porque estudié Contabilidad.

—¿Y crees que por el hecho de haber estudiado una carrera en particular tienes que dedicarte a eso por SIEMPRE?

—Pues no, en realidad no, pero así es... ¿qué más podría hacer?

—Cuando la mayoría de las personas pierde su empleo cree que debe de buscar siempre algo similar, exactamente lo que hacía antes o lo que estudió. Claro que si lo hace porque le apasiona y lo motiva mucho, su perfil toma mucha fuerza a través de los años, y eso es bastante favorable. Pero, ¿te has puesto a pensar que este desempleo puede ser el momento perfecto para cambiar tu RUTA?

—Pues esa idea sí ha cruzado por mi mente, pero creo que es muy difícil. Y no sabría por dónde empezar.

—¿Cómo está eso de que es muy difícil? ¿A qué te refieres?

—Cuando me pregunto qué más me gusta en la vida, pienso automáticamente en futbol. Desde que tengo memoria siempre fui bueno jugando, pero no lo suficiente como para dedicarme a ello. De todas formas, he seguido jugando con mis amigos y con la nueva generación de chicos me he descubierto como buen profesor y entrenador. Así que en más de una ocasión me ha pasado por la mente la idea de abrir una escuela de futbol. Algo como clases, campamentos de verano, clínicas y torneos de fut. Al menos ya sabría trabajar con las finanzas, jaja.

—Oye, Juan, suena increíble. ¿Por qué no te has animado a intentarlo?

—Pues no sé. El tiempo se me ha escapado y no he tenido dinero para hacer la inversión.

—O sea que llevas como diez años con este sueño pero nunca te has atrevido a perseguirlo. ¿Cuándo crees que será el momento?

—No sé, ¿cuando tenga dinero? O sea, cuando consiga un trabajo. Pero entonces ya no tendré tiempo...

—No necesariamente, Juan. Si te das cuenta, ésa podría ser una RUTA, aunque siempre estuvo ahí latente, esperando, esperándote a que te decidieras a hacerlo. El problema es que siempre creemos que hay que escoger entre nuestra profesión y nuestros pasatiempos o, incluso, nuestros sueños. Pero la realidad es que no, ambos objetivos son viables y ¡se pueden realizar al mismo tiempo!

"Volviendo a lo que comentaba ayer sobre el concepto clave de estas sesiones, la empleabilidad se divide en tres niveles:

1. Empleabilidad del desempleado
2. Empleabilidad del empleado
3. Empleabilidad del autoempleado

"Tu caso se encuentra en la primera opción, por ello será en la que nos enfoquemos. Sin embargo, lo anterior no impide que al mismo tiempo puedas volverte *empleable* como autoempleado; es decir, que emprendas tu propio negocio. Cuando realices las actividades del plan que te daré al terminar y consigas empleo, pasarás al segundo nivel, donde continuarás construyendo el proyecto, y finalmente, un día llegarás al tercer nivel, en el cual podrás ser un autoempleado con su propia escuela de futbol.

—¡Es un gran plan!

—Así es. Ahora tienes dos rutas: las finanzas... a ver dime tres puestos que te gustaría tener...

—Gerente o director de finanzas, contador senior o mmm, tesorero de una empresa mediana.

—¡Lo tienes clarísimo! Ésa es la primera ruta, y la segunda es tu escuela de futbol.

—Jaja, ay, Jorge, no puedo con una y quieres que haga una segunda, ¡y encima, una imposible! —contesta el incrédulo paciente.

—¿Por qué no, Juan? ¡Sí, ambas RUTAS son posibles! Yo te voy a enseñar cómo perseguir ambas ¡simultáneamente! Buscarás empleo en áreas relacionadas con finanzas, y mientras lo consigues, planearás y ejecutarás tu sueño de ser dueño de tu propia escuela de futbol. ¿Qué opinas?

—Si tú lo dices... —se encoge de hombros al tiempo que sonríe.

—No, no se trata de si yo lo digo. Es si tú lo dices.

—Okey, okey. Sí, voy a hacerlo.

—¡Eso! Te diré algo de coach a coach. Nosotros sabemos que nuestros pupilos pueden lograr todo lo que se propongan trabajando y entrenando. Es nuestro trabajo motivarlos y guiarlos para que actúen y alcancen sus sueños.

—Está bien, ya entendí. Perseguiré ambas RUTAS... Jaja, entre más lo digo, más convencido me siento —dice el paciente algo esperanzado.

—¡Bien, así se habla! Ahora que tenemos la meta de tus RUTAS, pasemos a pensar en los resultados que quieres alcanzar de manera concreta. Cuando te encuentras sin trabajo, es fundamental vivir el día a día, buscar nuevos objetivos de forma constante, pero que también estén encaminados en una misma dirección y que te hagan levantarte emocionado. Para ello te voy a enseñar a formular los famosos:

Objetivos SMART

Por sus siglas en inglés, significan lo siguiente:

S ESPECÍFICO	M MEDIBLE	A ACTIVIDADES ALCANZABLES	R BASADO EN RESULTADOS	T TIEMPO

"Vamos a hacer el ejercicio con tu caso: ¿cuál es el objetivo de tu búsqueda de empleo?

—Conseguir trabajo ya.

—Ya empezamos mal. Para que sea SMART, tendrías que decir algo como *Ser contratado como gerente de Finanzas en una empresa mediana antes de 90 días*. Al indicar el puesto que quieres, el objetivo se hace más específico. Si dijeras que quieres ser director general de una compañía multinacional, no sería realista porque tu experiencia en el laboratorio no cumple con el perfil de un puesto como ése. En cambio, ser gerente es accesible para ti porque ya habías desempeñado esa posición en tu trabajo anterior y ahora podrías dar el salto a una empresa de mayor tamaño, pues cuentas con las habilidades y conocimientos que se requieren. Además, 90 días de tiempo son suficientes para que logres tu meta; conseguirlo "ya" es algo improbable. Finalmente, es medible porque la firma del contrato indica si has cumplido o no con el objetivo.

—Okey, entonces me quedo con ese objetivo.

—Muy bien. De tarea vas a plantear objetivos específicos para tu búsqueda siguiendo este método. Por ejemplo, *Percibir un sueldo de veinte mil pesos al mes* o *Contar con un horario que me permita tener el fin de semana libre para desarrollar mi escuela de futbol.* Y después establecerás tus metas por semana: *Incorporar mi cv en todas las bolsas de trabajo, Quitarme el miedo de hablar de mi situación a otras personas, Concertar una entrevista a la semana, Desarrollar el plan de negocio de mi escuela de futbol...*

—Va, que todo sea SMART.

—Así es. Ahora que ya apuntalamos ambos rumbos y sabemos ponernos objetivos claros y asequibles, abordaremos un punto importante para mantenerte motivado.

—Sí, me urge porque, aunque trato de animarme, no lo logro.

—Mira, todos los que hemos perdido el empleo estamos un tanto apachurrados por el transcurso del tiempo, por la falta de dinero y por los pocos resultados, pero especialmente porque no sabemos cómo buscar uno nuevo. Y entre más tiempo pasa, más complicado se vuelve el proceso.

"Te explicaré cómo funciona la motivación con una metáfora muy sencilla. Imagina que eres un surfista que se sube a esta ola. Cuando estás arriba de la ola, te sientes feliz y realizado porque avanzas, pero si estás abajo o no hay olas, te encuentras inmóvil y entonces te da frío, te entumes. Lo mismo pasa contigo en este momento. Necesitas subirte a la siguiente ola, y cuando ésta pase, deberás subirte a la siguiente en el instante para mantener un buen estado de ánimo y motivación constantes. Casi podríamos decir que las entrevistas funcionan como olas, por eso te insistía en enfocarte en realizar una a la semana. De lo contrario, perderás inercia y energía tanto física como mental.

Una opción o entrevista cada mes

Estado de ánimo cambiante. Sube y baja

Se pierde motivación sin entrevistas

MES 1   MES 2   MES 3   MES 4

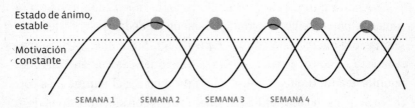

Una opción o entrevista cada semana

Estado de ánimo, estable

Motivación constante

SEMANA 1   SEMANA 2   SEMANA 3   SEMANA 4

"Si el desempleo se prolonga, es crucial acompañar la motivación que brinda el objetivo y las entrevistas con acciones diferentes enfocadas en tu bienestar. Un ejemplo es realizar una actividad física, pues si un cuerpo fuerte y sano influye en la mente, descuidarlo puede provocar que nos vayamos abajo. Otras opciones que recomiendo son leer más, tomar clases grupales de algo que te guste para conocer a gente nueva. Incluso apuntarte a un voluntariado funciona bastante bien. Te dejaré de tarea hacer una lluvia de ideas sobre cosas que te gustaría hacer durante el tiempo que dure tu desempleo.

—Ahora que lo pienso, hay unas retas de fut en la cancha de la colonia por la mañana para los que trabajan en el turno vespertino. Ya juego los fines de semana, pero podría agregarlo como actividad diaria. Además, creo que en la casa de cultura dan clases de guitarra. Siempre he querido aprender.

—Ándale, ya empiezan a surgir alternativas. Sólo necesitas organizarte, y para ello vamos a ir a la T de tu RUTA, el *tiempo*. Es decir, cómo vas a usarlo para repartirlo entre cada RUTA y las actividades de bienestar. ¿Estás listo?

—Sí, claro —dice el paciente sacando una libreta.

—De entrada, tienes que comprometerte a levantarte temprano.

—Uf, a las 11 apenas voy abriendo los ojos —dice el paciente, incómodo.

—Pues tendrás que hacer un esfuerzo para despertar por lo menos a las siete de la mañana. Eso te dará fuerza y energía. Además, tu esposa notará tu motivación.

—Está bieeen, lo intentaré... —expresa a regañadientes.

—Al levantarte, debes hacer ejercicio, al menos cuatro días a la semana, por una hora aproximadamente. Puedes inscribirte a un gimnasio e intercalarlo con las retas de fut. Sin embargo, si tu presupuesto es corto, puedes encontrar opciones caseras en YouTube, apuntarte a un deportivo público o salir a correr al parque más cercano. Si no es tu caso, utiliza el dinero sin remordimiento. Considera que se trata de una inversión: cada persona que conozcas puede detonar opciones de empleo de inmediato y, además, mejorará tu salud y liberarás el estrés acumulado.

"Después, desayunarás y seguirás con una lectura de 15 minutos. Puede ser el periódico o un libro motivacional. En el cuaderno de tareas que te entregaré al final del programa hago algunas recomendaciones sobre esto para tomar en cuenta.

"Alrededor de las nueve de la mañana ya estarás listo y motivado para empezar la búsqueda de empleo, y te ocuparás por cuatro horas de esto. En tu actividad incluye todo lo que se te ocurra: investigación, llamadas y whatsapps, uso de internet, desayunos con contactos, diversas actividades que realizarás con tu computadora, etcétera. A la una debes hacer una pausa para comer y descansar un poco para que por la tarde dediques unas dos o tres horas a planear tu negocio, generar ideas, investigar, hacer cálculos, hacer presentaciones o llamadas, ponerle un nombre y crear un plan de negocios que con el tiempo te permita constituir la empresa. Finalmente, dedica el resto tu día a actividades recreativas como salir de paseo con tu familia, cenar juntos, jugar juegos de mesa, escuchar música, salir con tus amigos, etcétera. Lee un poco más y planea tu siguiente día.

"Me gustaría que al final del día ejercitaras tu mente con algo de meditación, ya que te dará un mayor enfoque y concentración cada día y, además, te ayudará a dormir bien. Hay muchísima información sobre el tema en internet. Te compartiré una técnica de respiración que aprendí en un curso en Boston: se llama BIBO-FADS por sus siglas en inglés, que quieren decir "Inhala y exhala para alcanzar el éxito". Como su nombre lo indica, la idea es respirar; hazlo de la siguiente manera:

1. Cierra los ojos.
2. Inhala profundamente por la nariz, haz pausas poco a poco hasta no que no puedas introducir más aire.
3. Sostén la respiración durante dos segundos.
4. Exhala por la nariz, pausando poco a poco hasta agotar el aire.
5. Repite la técnica por cuatro veces más.

—A ver si entendí bien... —el paciente intenta practicar la técnica.
—Perfecto, Juan. La idea de este horario es seguir con una rutina fija durante 21 días para crear hábitos y no mezcles la búsqueda de empleo con buscar el sueño de tener tu propio negocio, de esta manera hay tiempo para todo. Mira, en esta tabla te comparto la forma más productiva de ocuparlo:

MI TIEMPO EN MI DESEMPLEO	
7 a.m. – 9:00 a.m.	Ejercicio, desayuno, lectura (15 min.)
9 a.m. – 1 p.m.	Búsqueda de empleo
3 p.m. – 6 p.m.	Planeación de mi negocio
7 p.m. – 11 p.m.	Actividad recreativa, lectura (15 min.), meditación, planeación del siguiente día

"¿Qué te parece, Juan?

—Bastante accesible. Seguramente el cambio de rutina será bueno; en una de esas hasta recupero la motivación.

—¡Claro! Ésa es la idea. Mira, entre más horas dediques a estas actividades, obtendrás mejores resultados. Te lo mostraré en la siguiente tabla de promedios de éxito de Doctor Empleo:

SI TRABAJAS	TENDRÁS ÉXITO EN...
7 horas	90 días
6 horas	120 días
5 horas	150 días
4 horas	180 días

—Uf, ya veo. Entonces, serán siete horas para mí.

—Perfecto, Juan. Ahora te voy a dejar de tarea pensar en:

Los 4 puntos críticos de la motivación

1. **Recuerda que el desempleo NO es una situación eterna**. Tiene principio y final. Por tanto, evita la visión en forma de túnel, no te cierres a nada, mantente atento y ten apertura a todo. Recuerda que en la vida cada final es el principio de una nueva oportunidad. Ha llegado el momento de reinventarte a ti mismo.

2. **Platica con todos sobre tu situación de desempleo.** A nadie le gusta decir que perdió su trabajo, pero ¡esto es muy importante! Que ya no te dé pena contarle a toda persona que se cruce en tu camino sobre tu desempleo y de lo que buscas y sientes. Además de que cada persona representa una opción más de empleo, como veremos más adelante, te servirá para desahogar la carga emocional que traes al hombro y crearás empatía con los demás.

3. **Evita lo negativo, los prejuicios y las ideas limitantes.** Así como hay empresas que buscan a gente joven para trabajar, también hay otras que prefieren contratar a un trabajador serio que tenga experiencia. Así que la edad no representa una limitante. Cada persona tiene un lugar en la sociedad, y si lo buscas,

lo encontrarás. Además, la tendencia mundial en favor de la diversidad y la inclusión busca que nadie se quede fuera. Por otra parte, piensa también en lo positivo del desempleo: hoy tienes más tiempo para ti y para tu familia, disfrútalo e inviértelo sabiamente.

4. **Generar y acudir a entrevistas.** Parece obvio, pero es el punto más importante. En la cuarta sesión te explicaré con mayor profundidad cómo potenciar tus posibilidades para conseguirlas más rápido. Lo que sí te puedo decir es que cada entrevista te motivará a llegar a la siguiente. Te inyectará adrenalina, mejorará tu humor, tu actitud, y sobre todo, tu estado de ánimo durante una semana entera.

—Okey, ya los anoté —dice el paciente levantando la vista de su libreta—. Desde la sesión pasada empecé a asimilar el primero; el tercero suena interesante, y el cuarto lo veremos después. Pero el segundo me llama la atención. La verdad sí me he vuelto un poco más reservado... no platico de mí con frecuencia. Siento que todo esto me ha afectado mucho... Yo mismo me he dado cuenta de que he dejado de externar mis ideas cuando veo a mis amigos. Siento que ya no quieren saber más sobre mi desgracia... Tampoco salgo mucho de mi casa... Vamos, ya ni hablo con mi esposa sobre el tema porque se pone o triste o se enoja, pues cree que no estoy haciendo mucho. Sólo terminamos discutiendo y así menos siento ánimo... —admite con la mirada baja y un gesto que manifiesta frustración.

—Qué bueno que lo ves y lo reconoces, Juan. Todos los que perdemos el empleo pasamos por esto, es bastante normal. Sin embargo, estamos desaprovechando nuestra red de contactos por miedo a exponer nuestra situación.

—¿Y cómo puedo elaborar una red de contactos?

—Tu red incluye a todas las personas que te conocen lo bastante bien como para estar pendientes de las oportunidades que surjan y que podrían ser de tu interés: parientes (todos, de tu familia directa e indirecta), jefes anteriores, compañeros de trabajo, vecinos, compañeros de la escuela, amigos y conocidos... básicamente, cualquiera con quien puedas hablar. La idea es ponerte en comunicación con todas las personas que te puedan dar información valiosa y que te ayuden en tu búsqueda de empleo. Debes mantenerte en contacto constante con ellas para que te tengan presente y cuenten con tu información personal y profesional actualizada. Ahora, Juan, piensa en los conocidos a quienes no les has informado que estás buscando empleo.

—Híjole, pues a mucha gente. No me gusta mostrarme débil o como un fracasado. Ahora que lo pienso, casi nadie sabe.

—Bueno, pues estás dentro de una burbuja que tienes que romper ahora mismo y contactar a todos los que puedas. También debes ampliar esa red, ¿eh?

—¿Cómo?

—Puede ser tan formal o informal como tú decidas. Algunas personas apuntan diariamente un contacto, otras hacen preguntas para obtener información de aquellos a quienes llegan a conocer en un ambiente informal tal como una fiesta; si encuentran interesante lo que les cuentan, buscan ponerse en contacto con ellos después. Así que lo mejor que puedes hacer es salir de casa en cada oportunidad que tengas y dejar tu pena y sentimiento de derrota en la puerta. Frecuenta a tus amigos y recupera contactos de viejos conocidos. En cada conversación que tengas, desayunos, comidas y pláticas formales e informales, menciona tu situación y pide ayuda a tu familia, amigos y conocidos. Recuerda que en 60% de los casos de éxito en la búsqueda de empleo fue un familiar directo quien detonó la oportunidad de empleo. Usa esta última como aliada, no como enemiga.

—La verdad no lo había visto así, lo intentaré.

—Con respecto al desgaste de la relación con tu familia y tu pareja, es bastante común. Pasar el día entero con la familia puede llegar a ser complicado, como ha pasado con el coronavirus y la cuarentena, pero la manera de contrarrestar ese sentimiento es hablar. Acércate a tus hijos y trata de explicarles la situación por la que estás pasando. Con tu esposa, sobre todo, debes sentarte y aclararle tus sentimientos, involucrarla en tu búsqueda y pedirle apoyo.

—¡Eso ya lo he hecho varias veces!

—Es importante que cada día le comentes de tu avance, le pidas retroalimentación y consejos, y sobre todo que la involucres. Verte alcanzar poco a poco tu objetivo la hará sentir tranquila.

—Pues sí, eso hago, pero la verdad en mi casa me desconcentro mucho. Cree que no hago nada y entonces me pide que la ayude todo el tiempo.

—A ver, no está mal que la ayudes, pues es responsabilidad de todos apoyar en la casa, sólo que tienes que organizarte para evitar distraerte de tu búsqueda. En este caso, te sugiero que busques empleo desde otra parte que no sea tu casa.

"Muchas empresas utilizan lo que en inglés se conoce como *outplacement* al liquidar o desvincular a su personal; se trata de un programa de búsqueda de empleo que la empresa paga a sus excolaboradores. Basándome en este término, he desarrollado el *self outplacement*, que equivaldría a buscar empleo fuera de casa. Puede ser desde un café, una biblioteca pública o hasta un sofisticado espacio de *coworking*.

—Tienes razón. Voy a buscar un espacio fuera de casa, porque sí es muy difícil enfocarme en casa.

—Doctor, ya llegó su siguiente cita —dice la asistente tras tocar a la puerta.

—Uy, ya se nos acabó la sesión. ¿Continuamos mañana?

—Encantado. Me llevo buenas ideas.

—¡Eso! Ahora dedícate a absorber la información y apunta tus preguntas para resolverlas mañana. Relájate durante esta semana y estos días de consulta. Ya el próximo lunes ¡arrancarás de lleno!

—Está bien. Hasta mañana, Jorge.

—¡Adiós, Juan!

¿CUÁL ES TU PASIÓN?

Responde estas preguntas y explora tu pasión. ¡Espero que la encuentres!

- ¿Qué te hace más feliz en tu vida diaria? ¿Qué es lo que te resulta más apasionante?
- ¿Qué cosas que sueles realizar te hacen sentir invencible?
- ¿Qué cosas que haces para otros suelen ser motivo de agradecimiento?
- ¿En qué eres increíblemente bueno? ¿Cuáles son tus dones naturales?
- ¿A quién admiras? ¿Quiénes son tus mentores? ¿Quién te inspira? Y sobre todo, ¿por qué?
- ¿Cuándo fue la última vez que realizaste un trabajo que superó con creces lo que esperaban de ti? ¿Qué trabajo era y por qué trabajaste tan duro para terminarlo?
- Imagina que has ganado cien millones en la Lotería o Melate. Han pasado tres meses desde entonces. ¿En qué vas a gastar tu dinero mañana?
- Si pudieras tener o hacer cualquier cosa imaginable, ¿qué sería?
- ¿Sobre qué temas discutes habitualmente o qué asuntos defiendes cuando conversas con otras personas? ¿Qué creencias y valores representan estos temas para ti?
- ¿Qué es lo que más te preocupa sobre la situación actual que hay en el mundo? Si tuvieras recursos ilimitados, ¿qué cambiarías?
- ¿Qué es lo que más te preocupa sobre las generaciones futuras, tengas hijos o no?
- ¿De qué manera te gusta ayudar a la gente? ¿Cuál es la forma más común en la que ayudas a otros?
- ¿Cuál es tu sección favorita en una librería? ¿Qué revista comprarías en un puesto de revistas?

- ¿Recuerdas alguna ocasión en que no hayas pegado ojo en toda la noche porque estabas muy emocionado por algo en lo que ibas a trabajar al día siguiente? ¿De qué se trataba?
- De todos los roles que has desempeñado en tus anteriores trabajos, ¿cuál de ellos estarías dispuesto a realizar de forma altruista? Y si no fuera ninguno de tus roles anteriores, ¿se te ocurre algún trabajo que no te importaría realizar gratis?
- Si fueras capaz de asistir a tu propio funeral, ¿qué te gustaría que dijeran de ti tus amigos y familiares?
- ¿Por qué cosas quieres que te recuerden? ¿Qué huella quieres dejar en el mundo?
- Trata de recordar si alguien te ha mencionado alguna vez que serías especialmente bueno en un determinado campo o profesión por tus cualidades. Si no lo recuerdas, pregunta a cinco amigos en qué creen que eres realmente bueno.
- Si pudieras escribir un libro para ayudar a mejorar el mundo, sabiendo que sería un éxito mundial, ¿cómo se titularía? ¿De qué hablaría el libro?
- ¿Cuáles son tus profesiones soñadas? ¿Qué trabajos de otras personas envidias o desearías tener?

Tres puestos

Apunta tres puestos que te gustaría tener. Busca vacantes y registra los requisitos más comunes que solicitan en la siguiente tabla. Luego palomea si cumples con ellos o no. Por cada palomita en la columna "NO" establece un objetivo SMART.

PUESTO	REQUISITOS	SÍ	NO

RUTA	S ESPECÍFICO	M MEDIBLE	A ALCANZABLE	R RESULTADOS	T TIEMPO
Objetivo 1					
Objetivo 2					
Objetivo 3					

Amplía tu red

Escribe en la tabla los datos de personas cercanas a ti que podrían ser de ayuda en tu búsqueda, llámalos y envíales a cada uno de ellos tu cv y tu carta de presentación por correo con la finalidad de que sepan que hoy estás buscando empleo.

	NOMBRE	TELÉFONO	CORREO	EMPRESA	PUESTO
Familia					
Amigos					
Maestros					
Amigos de mis amigos					

MEDICINA

*No hay ningún viento favorable
para el que no sabe a qué puerto se dirige.*
ARTHUR SCHOPENHAUER

—Bienvenido, Juan.

—Gracias, Jorge.

—¿Cómo estás hoy?

—Mucho mejor, la verdad. Conocer mi situación, asimilarla y perseguir un objetivo me ha ayudado a sentirme más animado. Desde ayer no he dejado de pensar en la escuela de futbol.

—Me alegro mucho por ello, Juan. Hoy y mañana hablaremos de todas las técnicas que necesitas para encontrar empleo; o sea, te voy a recetar la medicina que necesitas para curarte de este mal llamado *desempleo*. Abordaremos temas relacionados con el currículum, recomendaciones para las entrevistas, redes sociales, entre otras cosas. Me gustaría que religiosamente te tomaras tres pastillas diarias durante 90 días para asegurarnos de que encontrarás opciones de empleo viables para ti.

—¿O sea que en verdad tengo que tomar medicamentos?

—Jaja. ¡Claro que no! Es una metáfora. Como los medicamentos, cada pastilla sirve para una cosa en particular:

Pastilla 1: herramientas

Pastilla 2: marketing personal

Pastilla 3: contactos y entrevistas

—Ah, ya entiendo.

—Hoy nos vamos a enfocar en la

PASTILLA 1: HERRAMIENTAS

"Empezaremos con el currículum. ¿Trajiste el tuyo?

—Sí, te lo paso.

—Mmm... —el doctor hace una pausa para analizarlo—. Creo que podemos mejorarlo mucho... Para empezar es muy extenso, la foto no es la mejor, no hay un objetivo claro, el título no debe de ser tu nombre, sino el puesto, y está sobrecargado de información. Te voy a mostrar un ejemplo para que, con base en él, rehagas el tuyo en casa y sigas estas instrucciones:

- ▸ **Título**: tiene que estar relacionado con el puesto al que estás aplicando. Puede ser el área o un puesto específico. Por ejemplo: gerente de ventas, relaciones públicas, analista contable, creador de contenido.
- ▸ **Fotografía**: asegúrate de utilizar la mejor fotografía a color que tengas. Una que impacte, no tipo pasaporte.
- ▸ **Datos generales**: nombre, dirección o zona de residencia, número celular, correo electrónico, enlace a video curricular o LinkedIn.
- ▸ **Objetivo**: en máximo tres a cuatro líneas, escribe lo que buscas respecto a la posición: experiencia, habilidades, competencias, crecimiento...
- ▸ **Experiencia**: empresas y puestos (en negritas) de los últimos 10 años con dos a tres viñetas en cada uno donde expliques con verbos de acción (hice, obtuve, generé, desarrollé... etc.) resultados destacables o funciones que realizaste.
- ▸ **Estudios**: comienza por lo más reciente sigue hasta lo más antiguo, en dos columnas selecciona los estudios relevantes para la posición. En la primera coloca las fechas en años y en la segunda los datos. Nunca utilices palabras como *trunca o en proceso*.
- ▸ **Otros datos**: idiomas (avanzado, intermedio, básico), cursos o cualquier otra cosa que sume a la posición y el objetivo.

► **Formato:** cuida tus márgenes, no los aprietes. Deja que la información respire y que se vea *limpio*. No más de tres líneas por párrafo. Debe ser fácil de leer y cada sección debe identificarse con claridad. No excedas una sola página.

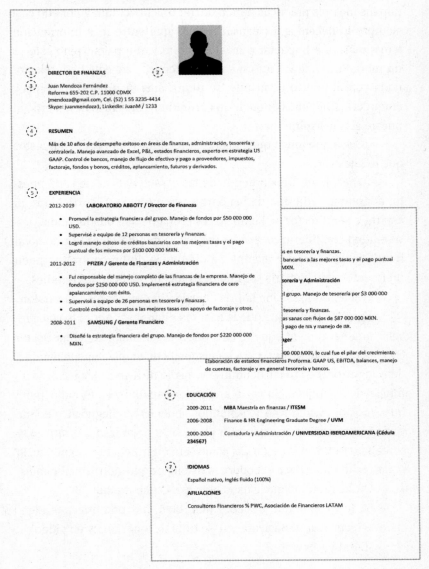

(1) (2)
(3) DIRECTOR DE FINANZAS

Juan Mendoza Fernández
Reforma 655-202 C.P. 11000 CDMX
jmendoza@gmail.com, Cel. (52) 1 55 3235-4414
Skype: juanmendoza1, LinkedIn: JuanM / 1233

(4) RESUMEN

Más de 10 años de desempeño exitoso en áreas de finanzas, administración, tesorería y contraloría. Manejo avanzado de Excel, P&L, estados financieros, experto en estrategia US GAAP. Control de bancos, manejo de flujo de efectivo y pago a proveedores, impuestos, factoraje, fondos y bonos, créditos, apalancamiento, futuros y derivados.

(5) EXPERIENCIA

2012-2019   LABORATORIO ABBOTT / Director de Finanzas

- Promoví la estrategia financiera del grupo. Manejo de fondos por $50 000 000 USD.
- Supervisé a equipo de 12 personas en tesorería y finanzas.
- Logré manejo exitoso de créditos bancarios con las mejores tasas y el pago puntual de los mismos por $100 000 000 000 MXN.

2011-2012   PFIZER / Gerente de Finanzas y Administración

- Fui responsable del manejo completo de las finanzas de la empresa. Manejo de fondos por $250 000 000 USD. Implementé estrategia financiera de cero apalancamiento con éxito.
- Supervisé a equipo de 26 personas en tesorería y finanzas.
- Controlé créditos bancarios a las mejores tasas con apoyo de factoraje y otros.

2008-2011   SAMSUNG / Gerente Financiero

- Diseñé la estrategia financiera del grupo. Manejo de fondos por $220 000 000 MXN.

as en tesorería y finanzas.
bancarios a las mejores tasas y el pago puntual
MXN.

sorería y Administración

l grupo. Manejo de tesorería por $3 000 000

tesorería y finanzas.
as sanas con flujos de $87 000 000 MXN.
l pago de IVA y manejo de ISR.

ger

00 000 MXN, lo cual fue el pilar del crecimiento.
Elaboración de estados financieros Proforma. GAAP US, EBITDA, balances, manejo de cuentas, factoraje y en general tesorería y bancos.

(6) EDUCACIÓN

2009-2011   MBA Maestría en finanzas / ITESM

2006-2008   Finance & HR Engineering Graduate Degree / UVM

2000-2004   Contaduría y Administración / UNIVERSIDAD IBEROAMERICANA (Cédula
234567)

(7) IDIOMAS

Español nativo, Inglés fluido (100%)

AFILIACIONES

Consultores Financieros % PWC, Asociación de Financieros LATAM

—¡Con razón no consigo nada! Este cv está increíble —dice el paciente al observar el ejemplo.

—Eso no significa que el tuyo no impacte, más bien no generaba interés. Lo cierto es que en la escuela muy pocas veces nos enseñan las mejores prácticas para redactar un currículum y por ello casi siempre lo hacemos a ciegas. Creemos que entre más información tenga más va a impactar o más sueldo te van a pagar, pero esto es un mito. Entre menos información contenga, pero esté bien relacionada con el puesto o vacante, resultará más fácil hacerlo, leerlo y entenderlo. Debemos de crear un currículum específico de acuerdo al puesto al que aspiramos.

—¿O sea que tengo que hacer tres versiones para los tres puestos que te dije ayer?

—Así es, Juan. Dependiendo de las características de cada puesto, adaptarás cada una de las partes y puntos de tu currículum. Si aspiras a ser director de Finanzas, es probable que busquen una personalidad con liderazgo, por lo que habrá que destacar tu trabajo al frente de equipos, por ejemplo, a diferencia de un contralor, quien preferentemente debería ser una persona enfocada en los detalles.

—Híjole, nunca se me habría ocurrido hacer más de una versión.

—Sí, es un factor que puede hacer la diferencia. Ahora te voy a revelar una herramienta que te va a servir muchísimo. Se llama Doctor CV y es un asesor virtual para la búsqueda de empleo que te ayuda a detectar errores en tu currículum por medio de avanzadas técnicas de Inteligencia Artificial. Subes tu archivo en español y en formato .pdf a http://doctor-cv.com y en 10 segundos obtienes un diagnóstico donde verás qué corregir para conseguir un cv bien organizado, completo, y sin faltas. También descubrirás cómo será interpretada tu experiencia por el reclutador y por los modernos sistemas de gestión de candidatos.

—Órale, no sabía que existía algo así. Está increíble.

—Sí, te va a ayudar mucho. Ahora bien, hay una nueva tendencia: *video curricular*. Básicamente se trata de tener un cv en video.

—¿Cómo? ¿Un video?

—Sí. Desde hace tiempo algunas empresas solicitan a los candidatos que envíen un video curricular. Esto ayuda al reclutador a filtrar a más candidatos en un menor tiempo y a contar con más argumentos para citarlos a una entrevista presencial. Sucede, sobre todo, en empresas con un gran volumen de vacantes o contrataciones, así que utilizan este método para agilizar su proceso de reclutamiento.

—¿Y cómo lo hago?

—Velo como un comercial de ti mismo. Redacta un párrafo en el que sintetices toda tu trayectoria de manera atractiva y enfocada en el puesto. Usa la magia de las palabras y las frases para impactar al reclutador.

—Uf, suena complicado.

—Es un reto interesante. Inténtalo con calma, pero cuida mucho la cuestión técnica. Te voy a dar algunos

Tips para hacer un video curricular

1. Utiliza alguna aplicación especializada en lugar de tu celular.
2. Asegúrate de que la duración sea sólo de UN MINUTO. No más.
3. La calidad del video debe de ser muy buena.
4. El audio (de tu voz) debe de ser muy claro. Puedes agregar alguna pista musical de fondo.
5. La imagen que muestres de ti debe de ser excelente, ya que pueden descartarte más rápido que en papel.
6. Utiliza las secciones de tu currículum impreso:
   a. Nombre, puesto y área, objetivo.
   b. Habilidades y competencias específicas relacionadas con el puesto.
   c. Aptitudes, valores o cualquier cosa que te diferencie de otros candidatos.
7. Edita el video y asegúrate de agregar tus datos en texto: nombre, correo electrónico y teléfono.
8. Súbelo a YouTube y nómbralo con un número para que nadie llegue hasta él a menos que cuente con el enlace.

"¿Alguna duda?

—Me queda claro, de momento.

—Perfecto. Ahora, para terminar, llegamos al perfil en LinkedIn, la red social de profesionistas más grande del mundo. ¿La conoces?

—Sí, pero nunca he entrado, la verdad.

—¿Sabías que más de 90% de los reclutadores consulta primero en Linkedin.com que en cualquier otra bolsa de trabajo, o incluso lo hace antes de postear sus vacantes? Esta red social pasó de ser una red de profesionales a nivel mundial a ser la base de datos de candidatos potenciales número uno para las empresas. Es básicamente tu currículum en línea actualizado y disponible para todos. Por esta razón es crucial que mantengas tus datos impecables en este sitio y, al igual que en tu currículum escrito, lo orientes hacia lo que estás buscando en ese momento. Aquí te dejo unos

Consejos para LinkedIn

- **Datos generales**: asegúrate de que tus datos, como correo electrónico y número celular, sean correctos.
- **Puesto objetivo**: en lugar de mencionar un solo título o puesto, debes de abrir un poco tus opciones y agregar dos o tres, ya que las empresas buscan los datos principalmente por la posición. Por ejemplo, en tu caso, pondrías tres: director de finanzas/tesorero/contralor.
- **Objetivo**: amplía tus intereses y habilidades a dos o tres puestos para que te encuentren más rápido.
- **Foto**: la imagen que agregues en esta red es muy importante. Asegúrate de incorporar una de las mejores. Nada de fotos tipo pasaporte o en blanco y negro.
- **Descripciones**: agrega tus logros más afines con lo que buscas, enfatizando en lo más importante y siendo muy sintético.
- **Video curricular**: incluye el enlace de tu video en YouTube.
- **Solicitudes**: envíalas todos los días para reunir más contactos y ampliar tu red.

—Al llegar a casa, lo primero que haré será abrir mi perfil en Linke-dIn. ¡De haber sabido antes! Tal vez ahí hubo oportunidades de las que me perdí.

—Bueno, ahora ya lo sabes. No olvides añadir a tu currículum escrito, en los datos generales, el enlace de tu perfil de LinkedIn. He corroborado que funciona bastante bien. Ahora, como esta red social no lo es todo, te voy a compartir una lista de las principales bolsas de trabajo en México:

- **Glassdoor:** además de contener miles de vacantes, cuenta con estadísticas y recomendaciones para entrevistas. Tienen un agente o buscador que al registrarte te envía vacantes cada semana. Vale la pena, ya que representa lo mejor que hay a nivel mundial en este campo. Asegúrate de buscar la empresa que te interesa, hay muchas reseñas que te pueden ayudar.
- **Bumeran:** es uno de los sitios más conocidos en el país y ofrece una gran variedad de puestos de trabajo. En esta red es posible encontrar empleo de cualquier tipo. En total hay más de sesenta mil empresas que utilizan esta página para publicar sus ofertas.
- **OCCMundial:** es una de las bolsas de trabajo más reconocidas de México y se creó en la Ciudad de México. Ofrecen poco más de cien mil puestos de trabajo al día, así como educación y capacitación a empresas.
- **CompuTrabajo:** es otro de los sitios más populares en México y Latinoamérica (se estima que llega a tener más de ochenta millones de visitas al mes). Hay casi veinte mil empresas registradas que en conjunto publican más de ochenta mil puestos de trabajo.
- **Empleo.gob:** es un portal asociado a la Secretaría de Trabajo y Previsión Social que ofrece casi doscientas cincuenta mil vacantes, pues está vinculado con otras bolsas de trabajo como Manpower, OCCMundial o Bumeran, y es posible encontrar empleos disponibles en las diferentes dependencias del gobierno. También hay una opción para capacitaciones.

- **Indeed**: dado que agrupa varios sitios, en este portal se publican tanto ofertas de terceros como empresas que lo hacen directamente. Uno de sus mayores atractivos es que brinda una gran variedad de opciones laborales. Ten en cuenta que está presente en más de 60 países, por lo que alrededor de doscientos millones de usuarios lo visitan al mes. Como puedes imaginar, es una de las páginas que más se utiliza para buscar trabajo. A diferencia de otras bolsas, en Indeed tu perfil es tu cv y la red te notifica sobre las vacantes disponibles que se ajusten a tu perfil.

- **Jooble.org**: aquí se recogen las posiciones vacantes que hay en diferentes portales de empleo, así que encontrarás más de doscientos cincuenta mil puestos activos. Además, tiene una gran presencia a nivel internacional ya que se encuentra en más de 60 países.

- **Un mejor empleo.com.mx**: con una amplia presencia en muchos países de América Latina, cuenta con más de siete mil vacantes activas y recibe más de doscientas diez mil visitas mensuales.

- **Career Builder**: es la bolsa de trabajo de una de las empresas más grandes del mundo que se dedica a reclutar personas; también es reconocida por ser la bolsa con más crecimiento en la actualidad. Ofrece más de un cuarto de millón de vacantes activas en todo el mundo.

- **Universia empleo**: esta red universitaria operaba bajo el patrocinio de Banco Santander. Aparte de México, esta página de empleo cuenta con una amplia presencia en países de habla hispana y en universidades de varias partes del mundo. Es ideal para las personas que buscan su primer trabajo como becarios o para realizar prácticas profesionales, además de que proporciona una gran gama de recursos como becas, viajes y publicaciones que sirven para apoyar a gente joven y futuros profesionistas.

- **Acción Trabajo**: éste es un sitio muy fácil de utilizar, pues gracias a su buscador, puedes especificar cuál es tu área de interés, qué tipo de puesto deseas y la ubicación que más te favorece. La página te proporcionará los puestos que coinciden con tus preferencias, los cuales cuentan con un enlace donde puedes agregar tu cv. Si la empresa lee tu currículum, el portal te lo notificará.

▸ **Lucas5**: este sitio es un *headhunter*, así que encontrarás vacantes interesantes, de buen nivel y en las empresas más reconocidas.

—Híjole, son muchas.

—Sí, Juan. Trata de subir tu currículum en todas y ampliarás tu margen de búsqueda. Ahora, cambiando de tema porque ya tenemos poco tiempo, pasemos a la

PASTILLA 2: MARKETING PERSONAL

"La primera impresión que el reclutador tiene de nuestra persona es muy importante. A ver, dime, Juan, cómo vas vestido a una entrevista.

—Por lo general, voy de traje y corbata.

—Okey, nada mal. Sin embargo, el concepto de imagen y vestimenta para las empresas ha cambiado mucho a través de los años. Antes uno ni se imaginaba ir a una entrevista sin traje ni corbata, ahora la manera adecuada de vestirnos dependerá del tipo de empresa que nos va entrevistar. No es igual la imagen de un profesionista que trabaja en una empresa tecnológica como Google que la de un empleado de Banamex, o la diversidad de la cultura empresarial de WeWork a diferencia de la bolsa de valores, Televisa o el gobierno. Recuerdo que un día un cliente me dijo que no le gustó mucho un candidato que le envié. Yo no lo podía creer, pero luego entendí que en un lugar como KIO Networks, una gran empresa mexicana de tecnología y datos, obviamente nadie usa corbata ahí, pero mi candidato fue vestido de traje.

"También influye el tipo de puesto y de área. En tu caso, Juan, que buscas todo lo referente a finanzas, debes de ser percibido como una persona de confianza, así que el traje y la corbata encajan muy bien contigo. Sólo asegúrate de que el traje sea azul o gris oxford, procura utilizar una camisa blanca o azul y lleva la corbata bien ajustada al cuello. Si aplicaras para alguna posición como programador, podrías ir con ropa más informal, por ejemplo. O si fueras para ventas, se esperaría que tuvieras un look más o menos atractivo. En lo personal, yo casi siempre uso pantalón de vestir y camisa, se ve muy bien; sin embargo, siempre traigo una corbata guardada, por si acaso.

"En el caso de las mujeres, es un poco más complejo y delicado. Por ejemplo, sugiero que se recojan el cabello y cuiden el uso de accesorios y maquillaje.

"Así que investiga muy bien acerca de la vestimenta más adecuada para cada empresa. Una opción es preguntar a tu contacto cuál es la mejor manera de vestir para esa empresa.

—Gracias, me sirve mucho.

—Bueno, Juan, eso es todo por hoy. Mañana trabajaremos en la última parte del programa de empleabilidad. Llega puntual, por favor, para que provechemos al máximo el tiempo.

—Aquí estaré, Jorge. Muchas gracias. ¡Hasta mañana!

ACTIVIDADES

Tu CV

Escribe y diseña tu currículum vitae según las indicaciones del Doctor Empleo.

Tu imagen

Diseña tres composiciones de vestimenta para tus próximas entrevistas.

OPCIÓN	TIPO DE EMPRESA	ROPA	ZAPATOS	ACCESORIOS	PEINADO
Formal					
Semiformal					
Informal					

TRATAMIENTO

Los líderes buscan retos
de los que otros se alejan.
ROBERT T. KIYOSAKI

—Juan, hoy es nuestra última sesión. Al fin llegó el momento crucial, la

PASTILLA 3: CONTACTOS Y ENTREVISTAS

—Ya me moría por llegar a esta parte.

—Dime, Juan, ¿cómo definirías una *entrevista* con una sola palabra?

—Mmm... ¿es una *venta*?

—No.

—¿Comunicación? ¿Una transacción?

—No.

—Una plática.

—Tampoco.

—No sé... Me doy...

—La entrevista es una *prueba*, un *examen* o un *cuestionario*. Por supuesto que si usáramos más de una palabra, sí se considerarían las respuestas que acabas de dar, pero por sí solas no definen una entrevista como tal. ¿Por qué es una prueba? Porque si la pasas, te contratan y si no, vuelves a la búsqueda de empleo.

—Claro, es tan obvio que da risa —dice el paciente y suelta una carcajada.

—Y dime, Juan, de las ocho entrevistas que has tenido, ¿a qué puestos pertenecían las personas que te las hicieron?

—Por lo general eran parte de recursos humanos.

—¿Tú crees que ellos deciden si te van a contratar?

—Pues, sí, ésa es su chamba, ¿no?

—Resulta que no, Juan, ellos no deciden.

—Ah, caray, ¿cómo está eso? —dice el paciente con cara de no entender nada.

—La persona que decide si la empresa te va contratar es el jefe o director del área a la que vas, o incluso el dueño o el director general si la empresa es más pequeña. Así que a ellos deberás enviarles tu currículum primero y, en segundo lugar, a la gente de recursos humanos, ¿okey?

—Jamás lo habría pensado...

—El secreto radica en cómo conquistar al entrevistador y obtener un 10 de calificación en cada entrevista.

—Eso sí que me interesa.

—Durante los últimos 15 años he tenido la oportunidad de entrevistar a más de quince mil personas y creo que esta experiencia como reclutador y cazatalentos me ha ayudado a entender el gran secreto de los reclutadores; o sea, qué es lo que buscan. Estoy seguro de que el secreto es la combinación de

Los cuatro factores para tener éxito en una entrevista

1. **Imagen y comunicación verbal**: lo emocional y la percepción.

2. **Enfoque en la respuesta a las preguntas**: inteligencia, creatividad y lógica. Tus respuestas deben de ser muy atinadas y breves. Si no entiendes la pregunta, no intentes responderla, haz las preguntas necesarias para que puedas entender mejor.

3. **Experiencia y competencias relacionadas con el puesto**: aptitudes y conocimientos. También debes hacer preguntas para que el reclutador te ayude con más información y puedas vender mejor tus habilidades. Recuerda que deberás de preparar cada entrevista en función del puesto que te ofrecen, ¿vale?

4. **Empatía**: Simpatizar y presentar un tipo específico de personalidad. Siempre debes buscar caer bien con tu forma de desenvolverte, presentar una sonrisa que provoque confianza y realizar

comentarios casuales pero puntuales. Siempre mantén contacto visual con el reclutador.

"Y claro, ¡**oportunidad** o *timing*!

—¿Tú cómo me ves?

—Tu imagen es buena, pero debe de ser impecable, y tu comunicación vasta, clara y directa. Siempre mira a los ojos, utiliza las manos un para dar énfasis a tus palabras, sonríe y asegúrate de relacionar tu imagen con los empleados y la cultura de la empresa.

"En cuanto a los demás puntos, si bien no puedo cambiar tus competencias de finanzas, empatía, inteligencia, creatividad y lógica en sólo cuatro sesiones, ten muy en cuenta que al contestar las preguntas el reclutador analiza mucho tu desenvolvimiento, inteligencia y enfoque. Aquí es posible que te falte un poco de soltura para responder adecuadamente.

—Estoy totalmente de acuerdo, pero, ¿hay manera de saber qué me van a preguntar o qué les gusta preguntar? ¿Cómo me puedo preparar?

—A decir verdad, no se puede saber, Juan; cada reclutador es distinto, pero sí te puedo decir que la mejor respuesta ya está en la pregunta y en la forma de responderla. Para ello, hay que entender qué tipo de entrevista y de preguntas son, lo que te permitirá saber cómo enfocar tu respuesta al tiempo que la haces interesante.

—¿Cómo? ¿Me puedes explicar?

—Mira, existen varios tipos de preguntas para una entrevista:

1. **Personales**: del candidato.
2. **Técnicas**: relacionados con el puesto.
3. **Analíticas**: para conocer la capacidad de resolución y el tipo de pensamiento.
4. **Por competencias**: situaciones, estilos y valores.

"En realidad, las *preguntas personales* deberían estar prohibidas en México como ya lo son en otros países, lo que evita ejercer discriminación, pero a los reclutadores les gusta hacerlas siempre. Lo bueno es que son fáciles de responder porque giran en torno a tu persona o familia: edad, religión, sexo, preferencia sexual, estado civil, número de hijos, entre otros. Por ejemplo, si te preguntan si eres casado, tal vez el reclutador quiere escuchar que sí, ya que busca a una persona arraigada y comprometida para ese trabajo. Por otra parte, pueden buscar a personas solteras si el puesto requiere de cambios constantes de residencia.

—Entonces aquí no puedo fallar. Si no me eligen es porque no tengo el perfil, ¿no?

—Sí y no; esto no significa que corras a divorciarte por un puesto o que finjas ser más joven o más viejo. Aunque en realidad nada de esto debería ser determinante para escoger a una persona u otra.

—Jajaja.

—Bueno, en segundo lugar, están las *preguntas técnicas*, que tienen estrecha relación con el puesto y con las actividades especializadas a realizar, es decir, qué herramientas y técnicas utilizaste en tus empleos anteriores que te permitirían llevar a cabo con mayor eficacia las labores de la posición en cuestión. Por ejemplo, si se busca un vendedor, las preguntas estarán relacionadas con ventas; si se busca un gerente de finanzas como tú, serán enfocadas en cuestiones numéricas, contables, de impuestos, inversiones, EBITDA o cuestiones financieras más específicas. Algunas preguntas de este tipo pueden ser: ¿Cómo incrementaste ventas en un 10% en tu empresa anterior? ¿Has dirigido equipos financieros y administrativos de más de diez personas? ¿Me puedes dar un ejemplo específico de cómo lograste reducir el pago de impuestos el año pasado?

—Okey, aquí me imagino que conviene que revise los resultados de mis trabajos anteriores.

—Sí. Te pueden servir los resultados que pusiste en tu CV, pero es probable que haya preguntas más específicas.

—¡Es verdad! Bueno, ya llevo algo de camino adelantado.

—Muy bien. Y, por último, las *preguntas analíticas*, que son las que más me gustan. Su objetivo es poner de manifiesto la forma en que el candidato o la candidata analizarían o actuarían en situaciones no tan familiares para él o ella. Por ejemplo, imagina que el reclutador te dice lo siguiente: "Tu primera tarea en la empresa es detectar los principales problemas de flujo de efectivo, robo hormiga y desempeño negativo de productividad de la gente". ¿Qué harías, Juan? ¿Qué le responderías al reclutador?

—Pues hablaría de temas de análisis financiero que permitieran detectar el problema que se debe resolver.

—¡Muy bien!, pero recuerda ser específico y hacer muchas más preguntas de tipo qué, quién, cómo, cuándo, por qué, etcétera. Trata de obtener la mayor información posible para que puedas dar la respuesta más completa.

"También hay preguntas analíticas que no necesariamente serán de tu área de experiencia pero que requieren de cierta reflexión, las hacen empresas como Google, Amazon y Apple. Algunos ejemplos son: ¿Cuántas pelotas caben en un camión escolar? ¿Cuántas monedas de diez pesos necesitas para hacer una pila igual de alta que la Torre Latinoamericana? ¿Cuántas gasolineras hay en la Ciudad de México? En este tipo de preguntas, el reclutador no tiene la menor idea de la respuesta correcta.

—¿En verdad? ¿Y por qué las hacen?

—Aunque parecen, no son preguntas relacionadas con matemáticas, la intención es observar cómo el candidato resolvería un cálculo inteligente para dar una respuesta *relativamente lógica*. Te permiten analizar la forma de pensar del entrevistado y la agilidad y habilidad que posee para detenerse, pensar y tratar de resolver una pregunta o una situación en la que no cuenta con experiencia previa.

"Por eso, la clave es entender qué te preguntan antes de responder. Por ejemplo, en la de la Torre Latino una respuesta tonta sería: "como un millón", es decir, el candidato a analista *responde* una cifra sin sustento, cuando lo que busca el reclutador es conocer más su razonamiento lógico o su capacidad para realizar un cálculo con base en datos.

"La respuesta de un buen financiero como tú sería algo así: Si asumimos que una moneda mide medio centímetro de grueso y el alto de un piso es de aproximadamente tres metros, cada metro necesitaría 200 monedas; o sea, 600 monedas por cada piso de tres metros, y si el edificio tiene 100 pisos, pues el resultado sería sesenta mil monedas. Sucede lo mismo con la del camión escolar, hay que estimar el tamaño de una pelota de golf y las medidas del camión, y con ello hacer simples cálculos.

—Ah, ya entiendo, ¿cómo puedo prepárame más para esto? Siento que aquí puedo fallar.

—En mi experiencia, prepararte para una entrevista así puede causar confusión porque en realidad no sabes lo que van a preguntarte. Más bien, prevé una estrategia para contestar, en lugar de memorizar el contenido de las respuestas.

"Ahora bien, vamos a analizar el último tipo de preguntas, las *preguntas de competencia*, las cuales vienen de la mano con el tipo de entrevista de la que hablamos antes. Es muy fácil, pues cuando te topes con una de estas preguntas sabrás automáticamente que no se trata de una entrevista tradicional.

"En una entrevista tradicional te harían principalmente preguntas personales y técnicas, de las cuales sólo se obtendría información superficial: inteligencia, experiencia, conocimientos. También se conocen rasgos de personalidad, motivos, valores, imagen, roles, etcétera. En función de ello se buscaría obtener mejores resultados a largo plazo. Algunos ejemplos son:

- ► Cuéntame acerca de ti.
- ► ¿Por qué dejaste tu último trabajo?
- ► ¿Qué experiencia tienes en este campo?
- ► ¿Qué es lo que tus compañeros de trabajo dicen acerca de ti?
- ► ¿Qué has hecho para aumentar y mejorar tu conocimiento durante el último año?
- ► Describe tus empleos anteriores.

- ¿Por qué quieres trabajar para esta organización?
- ¿Cuál es tu filosofía de trabajo?
- ¿Por qué debemos de contratarte?
- ¿Cuál es tu mayor fortaleza? ¿Cuál es tu mayor debilidad?
- ¿Por qué crees que te haría bien este trabajo?
- Según tus anteriores supervisores o jefes, ¿cuál es tu punto más fuerte?
- Cuéntame acerca de tu capacidad para trabajar bajo presión.
- ¿Estás dispuesto a trabajar horas extra? ¿Noches? ¿Los fines de semana?
- ¿Hay puntos ciegos que necesites desarrollar más? Áreas de oportunidad.
- Describe tu ética de trabajo.
- ¿Tienes alguna pregunta para mí?

"Como puedes darte cuenta, este tipo de preguntas serán respondidas con características superficiales.

—Sí, se parecen a la mayoría de las preguntas que me han hecho.

—Ahora comparémosla con la propuesta de una *entrevista por competencias* donde siempre se buscará obtener ejemplos *específicos* del aspirante, tomando en cuenta los cuatro puntos principales; es decir, solicitaremos una *situación* y a partir de ella indagaremos sobre la *acción específica* y las *tareas* y *resultados* obtenidos. Por ejemplo:

Situación 1: Cuéntame de una circunstancia profesional relacionada con tus clientes en la que te han felicitado o han reconocido tu labor profesional.

PREGUNTAS: ¿Qué pasó? ¿Cuándo ocurrió? ¿Con qué personas del equipo ocurrió? ¿Cómo se llaman? ¿Qué se esperaba de ti? ¿Para qué se llevó a cabo esa acción? ¿Cómo actuaste? ¿Qué estrategia seguiste? ¿Qué resultados o mejoras se produjeron? ¿Cuáles fueron las consecuencias profesionales y personales? ¿Lo volverías a hacer igual o cambiarías algo?

Situación 2: Cuéntame una experiencia profesional reciente en la que has tenido que asumir algún riesgo al asesorar o ayudar a un cliente.

PREGUNTAS: ¿Qué pasó? ¿Cuándo se produjo? ¿Qué esperaba el cliente de ti? ¿Tuvo que intervenir un tercero en el proceso? ¿Cuál fue el efecto en el cliente? ¿Qué consecuencias tuvo para tu organización? ¿Qué pasó después? En la actualidad, ¿qué cambiarías de aquella experiencia?

Situación 3: Narra una situación en la que discutiste o debatiste con un cliente sobre su petición o demanda, pues considerabas que no habría sido lo mejor para él o para su empresa.

PREGUNTAS: ¿Por qué hizo eso? ¿Qué alternativas le propusiste? ¿Qué reacción tuvo tu cliente? ¿Quedó satisfecho? ¿Cuál fue el efecto o las consecuencias en tus relaciones con otros clientes a partir de ese momento? ¿Lo volverías a hacer o crees que no vale la pena? ¿Por qué?

Situación 4: Describe una circunstancia en la que tu cliente quedó claramente insatisfecho.

PREGUNTAS: ¿Qué pasó? ¿Cuándo sucedió? ¿Qué necesidades y expectativas tenía tu cliente? ¿Tuvo que intervenir tu jefe u otra persona de la organización para solucionarlo? ¿Qué hiciste o hicieron para solucionarlo? ¿Qué fue exactamente lo que hiciste? ¿Cuáles han sido las consecuencias? ¿Sigue siendo cliente tuyo? ¿Qué aprendiste de esta situación?

—¡Éstas sí están buenas! —dice el paciente, preocupado.

—Siempre te vas a encontrar con reclutadores más experimentados que otros, y por eso harán preguntas sobre competencias como las anteriores, se asegurarán de la veracidad de los hechos que narras para evitar mentiras o exageraciones. Como ves, es imposible prepararse, pero sí hay algo que puedes hacer.

—¿Qué es?

—Te voy a enseñar a hacer *preguntas inteligentes* para canalizar la conversación hacia tus habilidades y que así logres una gran entrevista.

—¿O sea que yo voy a ser entrevistado pero soy yo quien termina haciendo preguntas?

—Así es, Juan. Siempre debes preguntar, ¿Cuáles son los *objetivos principales del puesto?* Una vez que te los digan, deberás tratar de relacionar tus respuestas con tus competencias y habilidades técnicas, así de fácil.

—Mmm... ¿Podemos simular esa pregunta?

—Claro. Supongamos que me acabas de hacer esa misma pregunta y yo te respondo esto: "Mira, Juan, uno de los objetivos de la posición (director de finanzas) es reestructurar la compañía y con ello, cerrar una de nuestras oficinas." Entonces tú tendrías que darme todas las respuestas relacionadas con, por ejemplo, tu relación con la reestructuración financiera de una empresa, lo que me permitiría comparar tu desempeño con lo que necesito, ¿me entiendes?

—O sea, si yo respondo que hace unos años participé en la reestructura de una fábrica, ¿está bien?

—Sí, Juan, pero trata de explicar más detalles específicos sobre cómo fue la reestructura, en porcentajes, cuánta gente estuvo involucrada, cuánto tiempo tomó, qué acciones se llevaron a cabo, qué fue lo que se logró al final... De esta manera tu respuesta va a impactar al reclutador.

—Me queda claro, Jorge, pero, ¿cómo logro tener más entrevistas? Trato de buscarlas y nada, la gente es muy descortés, ¡no responde llamadas ni correos!

—Tienes toda la razón, Juan, son muy descorteses, ¡son unos hijos de la guayaba! ¡Nunca responden! ¡Son una facha!

—¿Entonces?

—Los reclutadores no responden porque
No han visto tu CV o el correo que les enviaste.

No creen que sea su prioridad, cuando obviamente debería serlo, pues están dejando de hacer su trabajo y sólo logran que el candidato viva una pésima experiencia.

Quizá ya vieron tu CV pero no les llenó el ojo o tienen muchos aplicantes y no pueden responderles a todos.

—Entonces, ¿qué hago?

—No esperes a que te respondan. ¡Tú tienes que llamarles! Una vez que apliques, les llamas, si no lo haces, ¡nunca pasará nada! Dime, ¿a cuántos has contactado después de haber aplicado para una posición que viste en internet?

—A ninguno...

—¿Ves? ¡He ahí el problema! ¿Tú sabías, Juan, que un desempleado se la pasa casi todo el día aplicando para vacantes o posiciones que encuentra en internet? Invierte alrededor de 50 horas al mes aplicando y llenando formularios en línea.

—Me imagino, es lo que yo hago.

—¿Y tú sabías que todo ese tiempo sólo genera 0.07 entrevistas? ¡Es decir, ni siquiera una entrevista al mes!

—¿En serio? —pregunta alarmado.

—Pues, sí, ¿y cuál es la consecuencia? Tú mismo me lo acabas de decir: ¡que no te respondan nunca!

—¡Wow!

—Ahora considera que algunas empresas pueden tener procesos largos, tediosos, y a veces éstos pueden durar de tres a seis meses. ¿Tú sabías que, si quieres trabajar en Google, podrías tener hasta 10 entrevistas durante un periodo de cinco meses?

—No tenía idea.

—Entonces, hoy aprendiste un nuevo camino: internet no funciona por sí sólo, tienes que usar el teléfono para que sí funcione, ¿okey? Aplicas y luego llamas. Si no vas a llamar, ¡no apliques! Así de simple. Todos los sitios de empleos en internet tienen tanto tráfico y postulaciones que se han convertido en unas verdaderas rifas de entrevistas. Muy pocos se las ganan sin llamar.

—Okey, lo apunto hasta con mayúsculas —dice el paciente, mientras subraya su libreta.

—Pues ya casi se nos termina la sesión, Juan.

—¿Qué? ¡El tiempo se fue muy rápido!

—Sí, es un coaching relámpago, pero justo para lo que necesitas. Ya te he compartido la información clave para que logres lo que te propones. Pero antes de terminar, te daré un último consejo con el que me gusta finalizar la terapia. Para que tu búsqueda sea eficaz debes hacer cuatro cosas:

1. **Sentir pasión, estar motivado, divertirte en tu búsqueda y cada día tener ganas de alcanzar tu meta.** Especialmente porque ahora sabes lo que buscas con claridad.

2. **Cumplir con un horario fijo de trabajo de siete horas:** cuatro para buscar empleo y tres para desarrollar tu negocio.

3. **Reinventar tu búsqueda con estas recomendaciones.**

4. **Usar tu cuaderno de trabajo**, el cual te entrego ahora mismo. Ésta es la A que faltaba de tu RUTA y básicamente el tratamiento sostenido que te receto para los próximos 90 días. Ahora todo está completo.

"Antes de que te vayas, siempre me gusta dar un regalo sorpresa a todos mis *coachees*. Es una pulsera con una flecha de plata que significa que cada día debes ir hacia adelante —dice el doctor mientras se la entrega—. No te la quites hasta alcanzar tu meta, Juan.

—En verdad me dio mucho gusto conocerte, Jorge, me siento feliz y motivado. ¡Gracias por ayudarme!

—Gracias a ti, Juan, por ayudarte. Si te das cuenta, estás aquí por tu propia decisión; tú has decidido que querías un cambio y estoy seguro de que lo vas a lograr.

—¿Tú crees?

—De entrada, te digo una cosa, Juan, tú vas a encontrar un empleo en 90 días, ¡de eso puedes estar seguro! Y no sólo un empleo, sino uno que te llene más el alma, donde te paguen más y que te motive a ser más feliz.

—Dios te escuche, ¡jaja!

—Nada de eso, Juan. ¡Claro que Dios escucha y, además, guía! Pero él no actúa si TÚ no actúas. Terminar con tu desempleo y encontrar trabajo depende de ti, de tus acciones diarias y de que te comprometas contigo mismo a realizar actividades específicas cada día; aunque parece obvio y complicado, no es tan difícil. En cambio, si no haces caso al doctor y no te tomas las medicinas ni sigues el tratamiento, nunca vas a curarte... o tal vez sí, pero la recuperación será más lenta, o sea, tardarás más en encontrar empleo. ¿Entendido?

—Sí, Jorge, gracias.

—¡Mucha suerte y éxito con esa escuela de fut!

Estar desempleado es la excusa perfecta
para cambiar el rumbo de tu vida.
JORGE MUNIAIN

LOS 4 FACTORES DE ÉXITO EN UNA ENTREVISTA

Evalúa cómo te encuentras en cada uno de los factores y propón un par de ideas para mejorar.

FACTOR	BIEN	REGULAR	MAL	IDEAS PARA MEJORAR
Imagen y comunicación verbal				
Contestar correctamente las preguntas				
Experiencia y competencias relacionadas con el puesto				
Empatía				

Anticípate para la entrevista

Trata de adivinar qué tipo de datos, conocimientos, habilidades y competencias se requieren para los tres puestos que escogiste.

	PUESTO 1	PUESTO 2	PUESTO 3
Datos personales			
Conocimientos y habilidades técnicas			
Tipo de razonamiento y estrategias de análisis			
Competencias			

DE 90 DÍAS

*La diferencia entre quien eres hoy
y quien quieres ser mañana
es lo que hagas el día de hoy.*

ANÓNIMO

En las siguientes páginas encontrarás una serie de tareas y ejercicios que te servirán para tener presente información crucial para tu búsqueda y mantener un control total de todos tus avances para lograr tu meta en menos de 90 días. El plan de trabajo está organizado en 12 semanas para que sea flexible y ajustable a tus tiempos. En cada semana habrá actividades para cada una de las pastillas que hemos visto y para cada una de tus RUTAS:

1. Búsqueda de empleo
2. Negocio propio

Recuerda que en este tiempo de desempleo es crucial buscar ambas RUTAS. No se trata de escoger una o la otra, puedes desarrollarlas simultáneamente. La razón es muy sencilla: al emprender un negocio, incrementará tu motivación y potencializarás tu red de contactos.

Si te atreves y te comprometes a trabajar duro, a realizar todas las actividades y a dar seguimiento puntual de tus acciones, estoy seguro de que tendrás éxito antes de la semana 15. **Siete de cada diez profesionistas que han usado este sistema encontraron empleo en menos de tres meses**.

Los otros tres buscadores de empleo no lo lograron por una simple razón: procrastinan. Es decir, posponen o aplazan las tareas y res-

ponsabilidades por otras actividades que les resultan más gratifican-
tes, pero que en realidad son irrelevantes: fiestas, televisión, Netflix,
juegos de video, dormir más de siete horas, redes sociales, chatear...
En fin, todo lo que se vuelva un refugio y contribuya a evadir la decisión de actuar. No es que no quieran o no tengan ganas de ocuparse
mañana, pero cuando menos se lo esperan, se les terminan las maña-
nas. Y las principales razones son las siguientes:

1. **Incredulidad frente a la capacidad de hacer o lograr
   algo**. *No voy a poder, no me va a dar tiempo, es imposible, qué
   flojera, no sé por dónde empezar...*
2. **Demorar la gratificación.** *Sé que necesito tomar clases de
   inglés para crecer, tengo que sacar mi título para que me pro-
   muevan, es mucho dinero y por ahora no puedo, el siguiente
   semestre lo voy a hacer, algún día voy a ser exitoso...*
3. **Justificar la inacción por factores externos.** *No sirve mi
   computadora, no hablo inglés, no me van a dejar hacerlo, no
   me dieron la oportunidad, no me van a llamar...*

¿Te suenan estas frases?

Desafortunadamente es bastante común, y procrastinar es el mejor amigo del desempleo, pues, con el tiempo, se vuelve una pared
difícil de cruzar. Para que sepamos de dónde partir, te haré una breve
prueba que te permitirá saber en qué nivel de procrastinación te encuentras y cómo puedes cambiarlo.

ESCALA DE LA PROCRASTINACIÓN

Las siguientes frases o declaraciones describen las reacciones de la
gente en diferentes situaciones. Por favor, responde cada una utili-
zando la siguiente escala:

4 = Me identifico completamente
3 = Es mi tendencia
2 = No es mi tendencia
1 = No me identifico

____ **a)** Pospongo empezar a hacer las cosas que no me gustan.

____ **b)** Cuando tengo una fecha límite, espero hasta el último minuto.

____ **c)** Tardo mucho tiempo en tomar decisiones importantes.

____ **d)** Llego puntual a todas mis citas*.

____ **e)** Pongo excusas para evitar hacer lo que me piden o lo que debo hacer.

____ **f)** Cada vez que me pongo una meta o un plan lo realizo*.

____ **g)** No me gusta estudiar o leer.

____ **h)** Me distraigo fácilmente y dejo de lado mis responsabilidades.

____ **i)** No es mi estilo dejar las cosas para mañana*.

Ahora intercambia el número que pusiste en las preguntas con un asterisco de la siguiente manera:

Si pusiste 4, debes cambiarlo por 1.

Si pusiste 3, debes cambiarlo por 2.

Si pusiste 2, debes cambiarlo por 3.

Si pusiste 1, debes cambiarlo por 4.

Suma las nueve respuestas y compara tu resultado con esta tabla:

PUNTOS	NIVEL DE PROCASTINACIÓN
30-36	Muy alto
26-29	Alto
23-26	Medio
19-22	Bajo
14-18	Muy Bajo

Si tu nivel de procrastinación es bajo o muy bajo, te felicito y te invito a comenzar con la primera semana de tu plan de trabajo.

Si tu nivel es medio, alto o muy alto, déjame decirte que tienes un terrible hábito, pero es posible cambiarlo con esfuerzo. Lo primero que debes hacer para cambiar la manera de procrastinar es identificar la razón por la cual no actuaste, lo que te permitirá utilizar la mejor estrategia para lograr cualquier cosa: divide la tarea o meta en objetivos más pequeños y siéntate a trabajar día con día. Para ello he diseñado este plan de trabajo. ¡Pongamos manos a la obra!

SEMANA 1

Debes hacer cosas que realmente sean importantes,
pero también debes divertirte, porque si no, no tendrás éxito.
LARRY PAGE

DEFINE TUS RUTAS
Si no has establecido tus dos rutas, hazlo ahora:

RUTA 1: búsqueda de empleo _____

RUTA 2: negocio propio _____

Escríbelas en un par de hojas en blanco y colócalas en algún punto de tu casa o entre tus cosas donde estén visibles para ti durante tus horarios para cada RUTA. Puedes decorarlas con colores, pegarles recortes de revistas, hacerlas tan grandes como quieras. La idea es que siempre las tengas presentes.

OBJETIVO SEMANAL
Define tus objetivos para esta semana. Recuerda que deben ser smart (específicos, medibles, alcanzables, realistas, temporales).

RUTA 1: búsqueda de empleo _____

RUTA 2: negocio propio _____

Mis empleos deseados
Retomando algunos conceptos de la metodología SMART, escribe cuáles son los empleos que deseas, sin importar si requieren un cambio de posición o giro profesional.

_____

_____

_____

RUTA 1
Tu horario

Establece tu horario de acuerdo con las siguientes reglas:

- Búsqueda de empleo   4 horas
- Desarrollo de tu negocio   4 horas
- Actividades recreativas   3 horas

HORARIO	ACTIVIDAD

CV efectivo

Si aún no has hecho los CV enfocados en cada puesto que buscas, es momento de hacerlo. Para ello, sigue las tres reglas básicas de un currículum efectivo:

- Extensión de una hoja.
- Mapeado: fácil de leer, con secciones y una buena foto.
- Relacionado con el puesto.

> **Consejo: En Canva.com encontrarás plantillas de diseño de CV gratis. Úsalas y tu currículum seguro se destacará entre los de tus competidores.**

No olvides entrar a Doctor CV http://doctor-cv.com para analizar tu CV antes de enviarlo. Ingresa el cupón DOCTOREMPLEO y recibirás un 35% de descuento.

Video curricular

Elabora un video curricular de un minuto por cada puesto al que aspiras y anexa la liga al CV correspondiente. Pide ayuda a tu familia para que te graben y recuerda cuidar todos los factores técnicos: audio, imagen, calidad, etcétera.

Carta de presentación

Escribe un machote de carta de presentación para cada puesto que te interesa según la siguiente estructura:

- ▶ Destinatario: persona que te contactó, nombre de la empresa o nombre del jefe directo (sólo una línea).
- ▶ Presentación: tu nombre, profesión, estudios y experiencia (dos a tres líneas).
- ▶ Justificación: razones por las cuales quieres el puesto y por qué eres el mejor candidato.
- ▶ Despedida: invita al destinatario a revisar tu CV y menciona que estarás disponible para una posible entrevista.
- ▶ Firma: si se trata de una carta impresa, anota tu nombre y tu firma; si es una postulación online, sólo con tu nombre bastará.

Guárdala en tus archivos y cuando la necesites, copia y pega el texto en tus postulaciones por internet.

Abre tu LinkedIn

Si aún no cuentas con un perfil en esta red social, date a la tarea de registrarte, llenar tu currículum y poner alertas para que lleguen vacantes a tu correo diariamente. Recuerda lo siguiente:

- ▶ Menciona los puestos que te gustaría tener en el título.
- ▶ Redacta un objetivo claro.
- ▶ Agrega una gran foto.

RUTA 2
Mi sueño
¿Has soñado con abrir tu propio negocio? Descríbelo.

_____

_____

_____

_____

La idea
¿Cuál es tu idea de negocio? Escríbela.

_____

_____

_____

_____

El nombre y logo
Piensa en un nombre para tu negocio, producto o servicio. Debe ser corto y fácil de pronunciar. Echa a volar tu imaginación y creatividad.

_____

_____

_____

_____

Ahora diseña algunas opciones para el logotipo.

ACTIVIDADES RECREATIVAS

Haz ejercicio
Busca opciones de gimnasios o centros deportivos cercanos a tu casa donde puedas hacer ejercicio. Pide informes de tarifas y compáralas con tu presupuesto.

Mi presupuesto para hacer ejercicio es de: $ _____

COSTOS	OPCIÓN 1	OPCIÓN 2	OPCIÓN 3
Inscripción			
Mensualidad			
Costos extra			

Si ninguna de tus opciones se ajusta a tu presupuesto, te recomiendo buscar opciones que no supongan un costo. Por ejemplo: correr en el parque, rutinas de ejercicio en casa, practicar yoga con videos en línea, jugar futbol en los torneos de la colonia, tomar clases de baile gratuitas en las plazas públicas. Investiga tus opciones y apúntate a alguna.

Recupera tus relaciones

¿Qué fiesta o reunión hay esta semana? Si no tienes nada agendado, organiza una comida en un restaurante con amigos de la escuela.

- ► ¿Quiénes van? _____
  _____
- ► ¿Quiénes podrían ayudarme? _____
  _____
- ► ¿Cuál es mi objetivo? _____
  _____

SEMANA 2

El éxito no es un accidente. Es trabajo duro, perseverancia, aprendizaje, estudio, sacrificio y, sobre todo, el amor por lo que estás haciendo o aprendiendo a hacer.

PELÉ

OBJETIVO SEMANAL

Define tus objetivos para esta semana. Recuerda que deben ser smart (específicos, medibles, alcanzables, realistas, temporales).

RUTA 1: búsqueda de empleo _____

RUTA 2: negocio propio _____

Tu horario

Revisa tu horario, pues es muy probable que durante la semana hayas tenido que hacer algunos ajustes. Si es necesario, haz las modificaciones pertinentes.

HORARIO	ACTIVIDAD

RUTA 1
Regístrate

Escoge dos bolsas de trabajo y regístrate. Sube tu CV y empieza a explorar vacantes.

_____

_____

Empresas en la mira

Investiga sobre tres empresas en las que te gustaría trabajar. Visita su sitio web, accede a su bolsa de trabajo y llama para preguntar por vacantes.

EMPRESA:	
SITIO WEB:	TELÉFONO:
VACANTES:	

EMPRESA:	
SITIO WEB:	TELÉFONO:
VACANTES:	

EMPRESA:	
SITIO WEB:	TELÉFONO:
VACANTES:	

Capacítate

La Academia Mundial de Empleabilidad y Bolsas de Trabajo (AME-BOT) cuenta con un curso en línea sobre la búsqueda de empleo para ejecutivos. Inscríbete en academia-empleabilidad.teachable.com, da clic en el icono de Doctor Empleo y después en "Add Coupon"; teclea la clave **DOCTOREMPLEO1607** para obtener un 50% de descuento. Más de veinticinco mil personas han encontrado trabajo gracias a esta capacitación.

Vincúlate

Escribe dos contactos de amigos con quienes quedarás de verte esta semana:

NOMBRE:		CELULAR:
INTERÉS:		
DÍA:	HORA:	LUGAR:

NOMBRE:		CELULAR:
INTERÉS:		
DÍA:	HORA:	LUGAR:

Seguimiento

Realiza las tareas de la semana pasada que no has concluido. Transcribe esta tabla en una libreta o en una hoja de Excel y registra todas las empresas que has contactado hasta ahora:

EMPRESA	CONTACTO	TELÉFONO	CORREO	FECHA	ESTATUS	SEGUI-MIENTO

RUTA 2
Checklist

Parte crucial del desarrollo de un negocio es la elaboración de una lista de tareas que te impida olvidar alguna y que te permita contar con una ruta de acción. Por ejemplo:

- ▸ Plan de negocios
- ▸ Constitución de una empresa
- ▸ Tipos de sociedades
- ▸ Registro de la marca
- ▸ Investigación de mercados
- ▸ Desarrollo de producto o servicio
- ▸ ...

Investiga qué otras actividades debes llevar a cabo y en qué consisten. Cada día escoge una y trata de avanzar en ella durante el tiempo que hayas destinado para tu RUTA 2.

Filosofía organizacional

Escribe la misión, visión y valores de tu empresa:

MISIÓN

_____

_____

_____

VISIÓN

_____
_____
_____

VALORES

_____
_____
_____

ACTIVIDADES RECREATIVAS

Recupera tus relaciones

¿Qué fiesta o reunión hay esta semana? Si no tienes nada agendado, organiza una comida en un restaurante con amigos de la escuela.

- ► ¿Quiénes van? _____
- ► ¿Quiénes podrían ayudarme? _____
- ► ¿Cuál es mi objetivo? _____

Lectura

Compra un libro motivacional y léelo a lo largo de la semana.

Libro: _____

- ► ¿Qué me aportó la lectura a la búsqueda de empleo? _____
_____

Haz una actividad creativa

Busca opciones cercanas a tu casa de clases de pintura, danza, música, teatro, manualidades, canto, oratoria, modelismo, escritura, video o cualquier otra actividad creativa que te interese. Pide informes de tarifas y compáralas con tu presupuesto.

Mi presupuesto para actividades creativas es de: $ _____

COSTOS	OPCIÓN 1	OPCIÓN 2	OPCIÓN 3
Inscripción			
Mensualidad			
Costos extra			

Si ninguna de tus opciones se ajusta a tu presupuesto, te recomiendo buscar opciones que no supongan un costo, o bien, uno muy bajo. Por ejemplo: buscar tutoriales en línea, cursos gratis en redes sociales, libros y programas en casas de cultura. Investiga tus opciones y escoge alguna.

SEMANA 3

Apunta hacia la luna. Aunque falles, le darás a las estrellas.
W. CLEMENT STONE

OBJETIVO SEMANAL
Define tus objetivos para esta semana. Recuerda que deben ser SMART (específicos, medibles, alcanzables, realistas, temporales).

RUTA 1: búsqueda de empleo _____

RUTA 2: negocio propio _____

RUTA 1
Regístrate
Escoge dos bolsas de trabajo de empresas de tu interés y regístrate. Sube tu CV y empieza a explorar vacantes.

_____

_____

Empresas en la mira
Investiga sobre tres empresas en las que te gustaría trabajar. Visita

su sitio web, accede a su bolsa de trabajo y llama para preguntar por vacantes.

EMPRESA:	
SITIO WEB:	TELÉFONO:
VACANTES:	

EMPRESA:	
SITIO WEB:	TELÉFONO:
VACANTES:	

EMPRESA:	
SITIO WEB:	TELÉFONO:
VACANTES:	

Nuevos contactos

Llama a tres amigos cercanos y pídeles que te proporcionen un contacto nuevo que te ayude en tu búsqueda. Llámalos también, aclara quién te compartió su contacto y explícales tu situación.

AMIGO:	CONTACTO NUEVO:	CELULAR:
RESULTADOS:		

AMIGO:	CONTACTO NUEVO:	CELULAR:
RESULTADOS:		

AMIGO:	CONTACTO NUEVO:	CELULAR:
RESULTADOS:		

Seguimiento

Realiza las tareas de la semana pasada que no has concluido. Actualiza la tabla de tu libreta o tu archivo de Excel donde registraste todas las empresas que has contactado hasta ahora.

RUTA 2
Socios y sociedades

Revisa con detenimiento cuáles son los tipos de sociedades que existen, qué se necesita para crear una, cuál sería favorable para tu negocio y si necesitarías un socio.

Revisa tus contactos y piensa en quiénes cuentan con los elementos que necesitas para complementar tu negocio. Analiza sus características y los inconvenientes que podrían surgir.

POSIBLE SOCIO:
POR QUÉ LO CONSIDERO UN POSIBLE SOCIO:
QUÉ APORTARÍA:
VENTAJAS:
DESVENTAJAS:

POSIBLE SOCIO:
POR QUÉ LO CONSIDERO UN POSIBLE SOCIO:
QUÉ APORTARÍA:
VENTAJAS:
DESVENTAJAS:

POSIBLE SOCIO:
POR QUÉ LO CONSIDERO UN POSIBLE SOCIO:
QUÉ APORTARÍA:
VENTAJAS:
DESVENTAJAS:

Requerimientos legales

Abrir una empresa puede representar una larga carrera llena de trámites y permisos. Investiga qué requerimientos legales se necesitan, cómo conseguirlos y cuánto tiempo toma obtenerlos.

ACTIVIDADES RECREATIVAS

Recupera tus relaciones

¿Qué fiesta o reunión hay esta semana? Si no tienes nada agendado, organiza una comida en un restaurante con amigos de la escuela.

- ¿Quiénes van? _____

_____

► ¿Quiénes podrían ayudarme? _____

_____

► ¿Cuál es mi objetivo? _____

_____

Películas inspiradoras

Pide a algunos amigos que te recomienden una película inspiradora. Trata de conseguirla y vela con tu familia.

Voluntariado

Explora opciones de actividades filantrópicas o voluntariados en tu colonia, comunidad o ciudad. Hay muchas asociaciones civiles que agradecerán tu ayuda y tus conocimientos. Define tres causas con las que te identifiques, busca asociaciones relacionadas y contáctalas para ver en qué puedes ayudar una tarde a la semana.

Causa 1: _____

	ASOCIACIÓN CIVIL 1	ASOCIACIÓN CIVIL 2	ASOCIACIÓN CIVIL 3
Sitio web			
Teléfono			
Horarios			
Actividades principales			
¿En qué puedo ayudar?			

Causa 2: _____

	ASOCIACIÓN CIVIL 1	ASOCIACIÓN CIVIL 2	ASOCIACIÓN CIVIL 3
Sitio web			
Teléfono			
Horarios			
Actividades principales			
¿En qué puedo ayudar?			

Causa 3: _____

	ASOCIACIÓN CIVIL 1	ASOCIACIÓN CIVIL 2	ASOCIACIÓN CIVIL 3
Sitio web			
Teléfono			
Horarios			
Actividades principales			
¿En qué puedo ayudar?			

SEMANA 4

> *Si no trabajas por tus sueños, alguien te contratará*
> *para que trabajes por los suyos.*
> *STEVE JOBS*

OBJETIVO SEMANAL

Define tus objetivos para esta semana. Recuerda que deben ser SMART (específicos, medibles, alcanzables, realistas, temporales).

RUTA 1: búsqueda de empleo _____

RUTA 2: negocio propio _____

Tu horario

En esta semana muy probablemente ya sea necesario hacer algunas modificaciones en tu horario. Revísalo y haz los ajustes que consideres pertinentes.

HORARIO	ACTIVIDAD

RUTA 1
Regístrate
Escoge dos bolsas de trabajo de empresas de tu interés y regístrate. Sube tu CV y empieza a explorar vacantes.

_____

_____

Empresas en la mira
Investiga sobre tres empresas en las que te gustaría trabajar. Visita su sitio web, accede a su bolsa de trabajo y llama para preguntar por vacantes.

EMPRESA:	
SITIO WEB:	TELÉFONO:
VACANTE:	

EMPRESA:	
SITIO WEB:	TELÉFONO:
VACANTE:	

EMPRESA:	
SITIO WEB:	TELÉFONO:
VACANTE:	

Capacítate
Busca algún curso o capacitación en línea que puedas tomar mientras te

posicionas en un nuevo empleo, especialmente uno que sirva para enriquecer tu perfil. Puede ser desde una maestría hasta un curso de idiomas. Hay algunas plataformas que cuentan con un sinfín de cursos, muchos de ellos hasta gratuitos; busca en Coursera, LinkedIn o Domestika.

CURSO QUE ME GUSTARÍA TOMAR:		
TIEMPO QUE INVERTIRÉ SEMANALMENTE:	DURACIÓN:	COSTO:

CURSO QUE ME GUSTARÍA TOMAR:		
TIEMPO QUE INVERTIRÉ SEMANALMENTE:	DURACIÓN:	COSTO:

CURSO QUE ME GUSTARÍA TOMAR:		
TIEMPO QUE INVERTIRÉ SEMANALMENTE:	DURACIÓN:	COSTO:

Vincúlate

Escribe dos contactos de amigos con quienes quedarás de verte esta semana:

NOMBRE:		CELULAR:
INTERÉS:		
DÍA:	HORA:	LUGAR:

NOMBRE:		CELULAR:
INTERÉS:		
DÍA:	HORA:	LUGAR:

Entrevistas

Es probable que ya hayas acudido a tu primera entrevista, ya sea con un reclutador, empresa o contacto. Registra un control de tus avances.

EMPRESA:	NÚMERO DE ENTREVISTA EN ESA EMPRESA:
ENTREVISTADOR:	PUESTO DEL ENTREVISTADOR:

TIPO DE PREGUNTAS:
___ PERSONALES   ___ TÉCNICAS   ___ ANALÍTICAS   ___ DE COMPETENCIAS

¿CÓMO ME SENTÍ?

¿QUÉ RESULTÓ BIEN?

¿QUÉ PUEDO MEJORAR?

Seguimiento

Realiza las tareas de la semana pasada que no has concluido. Actualiza la tabla de tu libreta o tu archivo de Excel donde registraste todas las empresas que has contactado hasta ahora.

RUTA 2
Conoce tu mercado

Inscríbete a un curso de investigación de mercados para que puedas evaluar tu idea. Puede ser que no haya personas dispuestas a comprarla como la planteaste, que haya demasiados competidores o que el público que escogiste no sea el óptimo. Analiza a profundidad los resultados y reformula tu idea de negocio si es necesario.

Conoce tu competencia

Identifica a tus competidores directos e indirectos. Visítalos y prueba sus productos o servicios. Analiza su oferta y compárala con lo que tú tienes en mente.

	COMPETIDOR 1	COMPETIDOR 2	COMPETIDOR 3
Datos generales (locación, sitio web, teléfonos, años en el mercado, hitos importantes en su historia)			
Descripción de producto o servicio			
Ventajas			
Desventajas			
Comparación con mi idea			

ACTIVIDADES RECREATIVAS

Recupera tus relaciones

¿Qué fiesta o reunión hay esta semana? Si no tienes nada agendado, organiza una comida en un restaurante con amigos de la escuela.

- ► ¿Quiénes van? _____
  _____

- ► ¿Quiénes podrían ayudarme? _____
  _____

- ► ¿Cuál es mi objetivo? _____
  _____

Acude a un evento

Acude a una exposición, congreso o convención. Averigua fechas y compra los boletos. Aprovecha la experiencia para conocer a nuevas personas, identificar empleos disponibles y detectar oportunidades.

EVENTO:	
FECHA:	LUGAR::
OBJETIVO:	
RESULTADO:	

SEMANA 5

Elige un trabajo que ames y no tendrás
que trabajar ni un día de tu vida.
CONFUCIO

OBJETIVO SEMANAL
Define tus objetivos para esta semana. Recuerda que deben ser SMART (específicos, medibles, alcanzables, realistas, temporales).

RUTA 1: búsqueda de empleo _____

RUTA 2: negocio propio _____

RUTA 1
Regístrate
Escoge dos bolsas de trabajo de empresas de tu interés y regístrate. Sube tu CV y empieza a explorar vacantes.

_____

_____

Empresas en la mira
Investiga sobre tres empresas en las que te gustaría trabajar. Visita su sitio web, accede a su bolsa de trabajo y llama para preguntar por vacantes.

EMPRESA:	
SITIO WEB:	TELÉFONO:
VACANTE:	

EMPRESA:	
SITIO WEB:	TELÉFONO:
VACANTE:	

EMPRESA:	
SITIO WEB:	TELÉFONO:
VACANTE:	

Nuevos contactos

Llama a tres amigos cercanos y pídeles que te proporcionen un contacto nuevo que te ayude en tu búsqueda. Llámalos también, aclara quién te compartió su contacto y explícales tu situación.

AMIGO:	CONTACTO NUEVO:	CELULAR:
RESULTADOS:		

AMIGO:	CONTACTO NUEVO:	CELULAR:
RESULTADOS:		

AMIGO:	CONTACTO NUEVO:	CELULAR:
RESULTADOS:		

LinkedIn

Actualiza tu perfil, escribe o comparte un artículo y envía 20 solicitudes de contacto.

Entrevistas

Registra las entrevistas que has tenido esta semana y lleva un control de tus avances.

EMPRESA:	NÚMERO DE ENTREVISTA EN ESA EMPRESA:
ENTREVISTADOR:	PUESTO DEL ENTREVISTADOR:

TIPO DE PREGUNTAS:
___ PERSONALES   ___ TÉCNICAS   ___ ANALÍTICAS   ___ DE COMPETENCIAS

¿CÓMO ME SENTÍ?

¿QUÉ RESULTÓ BIEN?

¿QUÉ PUEDO MEJORAR?

ENTREVISTADOR:	PUESTO DEL ENTREVISTADOR:

TIPO DE PREGUNTAS:
___ PERSONALES   ___ TÉCNICAS   ___ ANALÍTICAS   ___ DE COMPETENCIAS

¿CÓMO ME SENTÍ?

¿QUÉ RESULTÓ BIEN?

¿QUÉ PUEDO MEJORAR?

Seguimiento

Realiza las tareas de la semana pasada que no has concluido. Actualiza la tabla de tu libreta o tu archivo de Excel donde registraste todas las empresas que has contactado hasta ahora.

RUTA 2
FODA

Un cuadro FODA te ayudará a esquematizar los puntos positivos y negativos, tanto internos como externos, de tu idea.

FORTALEZAS	OPORTUNIDADES
DEBILIDADES	AMENAZAS

Ventaja competitiva

Después de algunas semanas de análisis, seguramente ya identificaste tu ventaja competitiva. Anótala aquí:

_____

_____

ACTIVIDADES RECREATIVAS

Recupera tus relaciones

¿Qué fiesta o reunión hay esta semana? Si no tienes nada agendado, organiza una comida en un restaurante con amigos de la escuela.

- ¿Quiénes van? _____

- ¿Quiénes podrían ayudarme? _____

- ¿Cuál es mi objetivo? _____

Redes sociales

Marca con un tache las redes sociales en las que no te has registrado y date de alta en dos de ellas. Si estás en todas, actualízalas.

___ Facebook   ___ LinkedIn

___ Instagram   ___ TikTok

___ Twitter   ___ Snapchat

___ WhatsApp   ___ Pinterest

Películas inspiradoras

Pide a algunos amigos que te recomienden una película inspiradora. Trata de conseguirla y vela con tu familia.

SEMANA 6

Si piensas que la aventura es peligrosa,
prueba la rutina, es mortal.
PAULO COELHO

OBJETIVO SEMANAL

Define tus objetivos para esta semana. Recuerda que deben ser SMART (específicos, medibles, alcanzables, realistas, temporales).

RUTA 1: búsqueda de empleo _____

RUTA 2: negocio propio _____

RUTA 1
Regístrate

Escoge dos bolsas de trabajo de empresas de tu interés y regístrate. Sube tu CV y empieza a explorar vacantes.

_____

_____

Empresas en la mira

Investiga sobre tres empresas en las que te gustaría trabajar. Visita su sitio web, accede a su bolsa de trabajo y llama para preguntar por vacantes.

EMPRESA:	
SITIO WEB:	TELÉFONO:
VACANTE:	

EMPRESA:	
SITIO WEB:	TELÉFONO:
VACANTE:	

EMPRESA:	
SITIO WEB:	TELÉFONO:
VACANTE:	

Vincúlate

Escribe dos contactos de amigos con quienes quedarás de verte esta semana:

NOMBRE:		CELULAR:
INTERÉS:		
DÍA:	HORA:	LUGAR:

NOMBRE:		CELULAR:
INTERÉS:		
DÍA:	HORA:	LUGAR:

LinkedIn

Envía entre 10 y 20 solicitudes de contacto.

Entrevistas

Registra las entrevistas que has tenido esta semana y lleva un control de tus avances.

EMPRESA:	NÚMERO DE ENTREVISTA EN ESA EMPRESA:
ENTREVISTADOR:	PUESTO DEL ENTREVISTADOR:
TIPO DE PREGUNTAS: ___ PERSONALES ___ TÉCNICAS ___ ANALÍTICAS ___ DE COMPETENCIAS	
¿CÓMO ME SENTÍ?	
¿QUÉ RESULTÓ BIEN?	
¿QUÉ PUEDO MEJORAR?	

EMPRESA:	NÚMERO DE ENTREVISTA EN ESA EMPRESA:
ENTREVISTADOR:	PUESTO DEL ENTREVISTADOR:

TIPO DE PREGUNTAS:
___ PERSONALES   ___ TÉCNICAS   ___ ANALÍTICAS   ___ DE COMPETENCIAS

¿CÓMO ME SENTÍ?

¿QUÉ RESULTÓ BIEN?

¿QUÉ PUEDO MEJORAR?

Seguimiento

Realiza las tareas de la semana pasada que no has concluido. Actualiza la tabla de tu libreta o tu archivo de Excel donde registraste todas las empresas que has contactado hasta ahora.

RUTA 2

ACTIVIDADES RECREATIVAS

Recupera tus relaciones

¿Qué fiesta o reunión hay esta semana? Si no tienes nada agendado, organiza una comida en un restaurante con amigos de la escuela.

- ► ¿Quiénes van? _____

- ► ¿Quiénes podrían ayudarme? _____

- ► ¿Cuál es mi objetivo? _____

Lectura

Compra un libro motivacional y léelo a lo largo de la semana.

Libro: _____

► ¿Qué me aportó la lectura a la búsqueda de empleo? _____

_____

_____

Un fin de semana en familia

Ponte de acuerdo con tu familia y organiza un fin de semana especial en el que vayan a comer a un parque, ideen algún juego como un rally o una búsqueda del tesoro, inventen canciones y hagan una reta de futbol. En línea encontrarás muchas ideas para llevar a cabo y que tienen un costo muy bajo.

FECHA:	LUGAR::
ACTIVIDADES CREATIVAS:	
ACTIVIDADES DEPORTIVAS:	
MENÚ:	INVERSIÓN:

SEMANA 7

El riesgo más grande es no tomar ninguno.
En un mundo que está cambiando tan rápido, la única estrategia
que está garantizada a fracasar es no tomar riesgos.

MARK ZUCKERBERG

OBJETIVO SEMANAL

Define tus objetivos para esta semana. Recuerda que deben ser SMART (específicos, medibles, alcanzables, realistas, temporales).

RUTA 1: búsqueda de empleo _____

RUTA 2: negocio propio _____

RUTA 1
Regístrate
Escoge dos bolsas de trabajo de empresas de tu interés y regístrate. Sube tu cv y empieza a explorar vacantes.

_____

_____

Empresas en la mira
Investiga sobre tres empresas en las que te gustaría trabajar. Visita su sitio web, accede a su bolsa de trabajo y llama para preguntar por vacantes.

EMPRESA:	
SITIO WEB:	TELÉFONO:
VACANTE:	

EMPRESA:	
SITIO WEB:	TELÉFONO:
VACANTE:	

EMPRESA:	
SITIO WEB:	TELÉFONO:
VACANTE:	

Nuevos contactos
Llama a tres amigos cercanos y pídeles que te proporcionen un con-

tacto nuevo que te ayude en tu búsqueda. Llámalos también, aclara quién te compartió su contacto y explícales tu situación.

AMIGO:	CONTACTO NUEVO:	CELULAR:
RESULTADOS:		

AMIGO:	CONTACTO NUEVO:	CELULAR:
RESULTADOS:		

AMIGO:	CONTACTO NUEVO:	CELULAR:
RESULTADOS:		

Entrevistas

Registra las entrevistas que has tenido esta semana y lleva un control de tus avances.

ENTREVISTADOR:	PUESTO DEL ENTREVISTADOR:
TIPO DE PREGUNTAS: ___ PERSONALES ___ TÉCNICAS ___ ANALÍTICAS ___ DE COMPETENCIAS	
¿CÓMO ME SENTÍ?	
¿QUÉ RESULTÓ BIEN?	
¿QUÉ PUEDO MEJORAR?	

EMPRESA:	NÚMERO DE ENTREVISTA EN ESA EMPRESA:
ENTREVISTADOR:	PUESTO DEL ENTREVISTADOR:

TIPO DE PREGUNTAS:
___ PERSONALES   ___ TÉCNICAS   ___ ANALÍTICAS   ___ DE COMPETENCIAS

¿CÓMO ME SENTÍ?

¿QUÉ RESULTÓ BIEN?

¿QUÉ PUEDO MEJORAR?

Seguimiento

Realiza las tareas de la semana pasada que no has concluido. Actualiza la tabla de tu libreta o tu archivo de Excel donde registraste todas las empresas que has contactado hasta ahora.

RUTA 2
Crea un prototipo

Ya tienes claro cómo sería tu producto o servicio. Ahora es momento de llevarlo a la realidad a través de un prototipo que te permitirá comprobar sus ventajas y desventajas, su viabilidad, sus costos, el tiempo que requiere, etcétera.

ACTIVIDADES RECREATIVAS

Recupera tus relaciones

¿Qué fiesta o reunión hay esta semana? Si no tienes nada agendado, organiza una comida en un restaurante con amigos de la escuela.

- ¿Quiénes van? _____

- ¿Quiénes podrían ayudarme? _____

- ¿Cuál es mi objetivo? _____

Acude a un evento

Acude a una exposición, congreso o convención. Averigua fechas y compra los boletos. Aprovecha la experiencia para conocer a nuevas personas, identificar empleos disponibles y detectar oportunidades.

EVENTO:	
FECHA:	LUGAR:
OBJETIVO:	
RESULTADO:	

SEMANA 8

Algunas personas quieren que algo ocurra,
otras sueñan con que pase, otras hacen que suceda.
MICHAEL JORDAN

OBJETIVO SEMANAL

Define tus objetivos para esta semana. Recuerda que deben ser SMART (específicos, medibles, alcanzables, realistas, temporales).

RUTA 1: búsqueda de empleo _____

RUTA 2: negocio propio _____

Tu horario

En esta semana, muy probablemente sea necesario hacer algunas modificaciones en tu horario de nuevo. Revísalo y haz los ajustes que consideres pertinentes.

HORARIO	ACTIVIDAD

RUTA 1
Regístrate

Escoge dos bolsas de trabajo de empresas de tu interés y regístrate. Sube tu cv y empieza a explorar vacantes.

_____

_____

_____

Empresas en la mira

Investiga sobre tres empresas en las que te gustaría trabajar. Visita su sitio web, accede a su bolsa de trabajo y llama para preguntar por vacantes.

EMPRESA:	
SITIO WEB:	TELÉFONO:
VACANTE:	

EMPRESA:	
SITIO WEB:	TELÉFONO:
VACANTE:	

EMPRESA:	
SITIO WEB:	TELÉFONO:
VACANTE:	

Vincúlate

Escribe dos contactos de amigos con quienes quedarás de verte esta semana:

NOMBRE:		CELULAR:
INTERÉS:		
DÍA:	HORA:	LUGAR:

NOMBRE:		CELULAR:
INTERÉS:		
DÍA:	HORA:	LUGAR:

LinkedIn

Envía entre 10 y 20 solicitudes de contacto.

Entrevistas

Registra las entrevistas que has tenido esta semana y lleva un control de tus avances.

EMPRESA:	NÚMERO DE ENTREVISTA EN ESA EMPRESA:
ENTREVISTADOR:	PUESTO DEL ENTREVISTADOR:

TIPO DE PREGUNTAS:
___ PERSONALES   ___ TÉCNICAS   ___ ANALÍTICAS   ___ DE COMPETENCIAS

¿CÓMO ME SENTÍ?

¿QUÉ RESULTÓ BIEN?

¿QUÉ PUEDO MEJORAR?

EMPRESA:	NÚMERO DE ENTREVISTA EN ESA EMPRESA:
ENTREVISTADOR:	PUESTO DEL ENTREVISTADOR:

TIPO DE PREGUNTAS:
___ PERSONALES   ___ TÉCNICAS   ___ ANALÍTICAS   ___ DE COMPETENCIAS

¿CÓMO ME SENTÍ?

¿QUÉ RESULTÓ BIEN?

¿QUÉ PUEDO MEJORAR?

EMPRESA:	NÚMERO DE ENTREVISTA EN ESA EMPRESA:
ENTREVISTADOR:	PUESTO DEL ENTREVISTADOR:

TIPO DE PREGUNTAS:
___ PERSONALES   ___ TÉCNICAS   ___ ANALÍTICAS   ___ DE COMPETENCIAS

¿CÓMO ME SENTÍ?

¿QUÉ RESULTÓ BIEN?

¿QUÉ PUEDO MEJORAR?

Seguimiento

Realiza las tareas de la semana pasada que no has concluido. Actualiza la tabla de tu libreta o tu archivo de Excel donde registraste todas las empresas que has contactado hasta ahora.

RUTA 2
Capital humano

Diseña un organigrama para tu empresa. Describe las funciones de cada puesto, estructura las áreas, asigna salarios y prestaciones.

ACTIVIDADES RECREATIVAS

Recupera tus relaciones

¿Qué fiesta o reunión hay esta semana? Si no tienes nada agendado, organiza una comida en un restaurante con amigos de la escuela.

▸ ¿Quiénes van? _____

_____

- ¿Quiénes podrían ayudarme? _____

_____

- ¿Cuál es mi objetivo? _____

_____

Apúntate a un torneo

Ya llevas dos meses haciendo ejercicio. Seguramente has mejorado mucho tu condición física y tu técnica. Tal vez sea un buen momento para subir una rayita de dificultad. Busca un torneo cerca a tu casa de acuerdo con tu condición física y apúntate. Además de que conocerás a muchas personas nuevas, el ambiente de competencia te hará sentirte más motivado y confiado.

TORNEO:	
FECHA:	LUGAR::
OBJETIVO:	
RESULTADO:	

SEMANA 9

Si te caes siete veces, levántate ocho.
PROVERBIO CHINO

OBJETIVO SEMANAL

Define tus objetivos para esta semana. Recuerda que deben ser SMART (específicos, medibles, alcanzables, realistas, temporales).

RUTA 1: búsqueda de empleo _____

RUTA 2: negocio propio _____

RUTA 1
Regístrate

Escoge dos bolsas de trabajo de empresas de tu interés y regístrate. Sube tu CV y empieza a explorar vacantes.

_____

_____

Empresas en la mira

Investiga sobre tres empresas en las que te gustaría trabajar. Visita su sitio web, accede a su bolsa de trabajo y llama para preguntar por vacantes.

EMPRESA:	
SITIO WEB:	TELÉFONO:
VACANTE:	

EMPRESA:	
SITIO WEB:	TELÉFONO:
VACANTE:	

EMPRESA:	
SITIO WEB:	TELÉFONO:
VACANTE:	

Nuevos contactos

Llama a dos amigos cercanos y pídeles que te proporcionen un contacto nuevo que te ayude en tu búsqueda. Llámalos también, aclara quién te compartió su contacto y explícales tu situación.

AMIGO:	CONTACTO NUEVO:	CELULAR:
RESULTADOS:		

AMIGO:	CONTACTO NUEVO:	CELULAR:
RESULTADOS:		

AMIGO:	CONTACTO NUEVO:	CELULAR:
RESULTADOS:		

Entrevistas

Registra las entrevistas que has tenido esta semana y lleva un control de tus avances.

EMPRESA:	NÚMERO DE ENTREVISTA EN ESA EMPRESA:
ENTREVISTADOR:	PUESTO DEL ENTREVISTADOR:

TIPO DE PREGUNTAS:
___ PERSONALES ___ TÉCNICAS ___ ANALÍTICAS ___ DE COMPETENCIAS
¿CÓMO ME SENTÍ?
¿QUÉ RESULTÓ BIEN?
¿QUÉ PUEDO MEJORAR?

EMPRESA:	NÚMERO DE ENTREVISTA EN ESA EMPRESA:
ENTREVISTADOR:	PUESTO DEL ENTREVISTADOR:

TIPO DE PREGUNTAS:
___ PERSONALES   ___ TÉCNICAS   ___ ANALÍTICAS   ___ DE COMPETENCIAS

¿CÓMO ME SENTÍ?

¿QUÉ RESULTÓ BIEN?

¿QUÉ PUEDO MEJORAR?

Seguimiento

Realiza las tareas de la semana pasada que no has concluido. Actualiza la tabla de tu libreta o tu archivo de Excel donde registraste todas las empresas que has contactado hasta ahora.

RUTA 2
Estructura financiera

Llegó el momento de pasar a los números. Toma un curso básico de finanzas o contabilidad para emprendedores y trata de absorber todos los conocimientos que puedas. Aplícalos y proyecta tu empresa a través de un balance general, un estado de resultados y un análisis del punto de equilibrio.

ACTIVIDADES RECREATIVAS

Recupera tus relaciones

¿Qué fiesta o reunión hay esta semana? Si no tienes nada agendado, organiza una comida en un restaurante con amigos de la escuela.

- ¿Quiénes van? _____
_____

- ¿Quiénes podrían ayudarme? _____
_____

- ¿Cuál es mi objetivo? _____
_____

Películas inspiradoras
Pide a algunos amigos que te recomienden una película inspiradora. Trata de conseguirla y vela con tu familia.

Acude a un evento
Acude a una exposición, congreso o convención. Averigua fechas y compra los boletos. Aprovecha la experiencia para conocer a nuevas personas, identificar empleos disponibles y detectar oportunidades.

SEMANA 10

La victoria pertenece al más perseverante.
NAPOLEÓN I

OBJETIVO SEMANAL
Define tus objetivos para esta semana. Recuerda que deben ser SMART (específicos, medibles, alcanzables, realistas, temporales).
RUTA 1: búsqueda de empleo _____
RUTA 2: negocio propio _____

RUTA 1
Regístrate
Escoge dos bolsas de trabajo de empresas de tu interés y regístrate. Sube tu CV y empieza a explorar vacantes.

_____
_____

Empresas en la mira

Investiga sobre tres empresas en las que te gustaría trabajar. Visita su sitio web, accede a su bolsa de trabajo y llama para preguntar por vacantes.

EMPRESA:	
SITIO WEB:	TELÉFONO:
VACANTE:	

EMPRESA:	
SITIO WEB:	TELÉFONO:
VACANTE:	

EMPRESA:	
SITIO WEB:	TELÉFONO:
VACANTE:	

Vincúlate

Escribe dos contactos de amigos con quienes quedarás de verte esta semana:

NOMBRE:		CELULAR:
INTERÉS:		
DÍA:	HORA:	LUGAR:

NOMBRE:		CELULAR:
INTERÉS:		
DÍA:	HORA:	LUGAR:

LinkedIn

Envía entre 10 y 20 solicitudes de contacto.

Entrevistas

Registra las entrevistas que has tenido esta semana y lleva un control de tus avances.

EMPRESA:	NÚMERO DE ENTREVISTA EN ESA EMPRESA:
ENTREVISTADOR:	PUESTO DEL ENTREVISTADOR:

TIPO DE PREGUNTAS:
___ PERSONALES   ___ TÉCNICAS   ___ ANALÍTICAS   ___ DE COMPETENCIAS

¿CÓMO ME SENTÍ?

¿QUÉ RESULTÓ BIEN?

¿QUÉ PUEDO MEJORAR?

EMPRESA:	NÚMERO DE ENTREVISTA EN ESA EMPRESA:
ENTREVISTADOR:	PUESTO DEL ENTREVISTADOR:

TIPO DE PREGUNTAS:
___ PERSONALES   ___ TÉCNICAS   ___ ANALÍTICAS   ___ DE COMPETENCIAS

¿CÓMO ME SENTÍ?

¿QUÉ RESULTÓ BIEN?

¿QUÉ PUEDO MEJORAR?

Seguimiento

Realiza las tareas de la semana pasada que no has concluido. Actualiza la tabla de tu libreta o tu archivo de Excel donde registraste todas las empresas que has contactado hasta ahora.

RUTA 2
Financiamiento

Ahora conoces más sobre la inversión que necesitas y durante cuánto tiempo te será de ayuda para que tu empresa sea rentable. ¿Cómo vas a obtener esa cantidad de dinero? Las respuestas pueden ser diversas: ahorros, créditos, préstamos de familiares o amigos, apoyos gubernamentales, concursos de emprendimiento. Investiga tus opciones y analízalas para tomar la mejor decisión.

ACTIVIDADES RECREATIVAS

Recupera tus relaciones

¿Qué fiesta o reunión hay esta semana? Si no tienes nada agendado, organiza una comida en un restaurante con amigos de la escuela.

- ¿Quiénes van? _____
  _____
- ¿Quiénes podrían ayudarme? _____
  _____
- ¿Cuál es mi objetivo? _____
  _____

Películas inspiradoras

Pide a algunos amigos que te recomienden una película inspiradora. Trata de conseguirla y vela con tu familia.

Muestra tu talento creativo

Tras dos meses desarrollando tus habilidades creativas, seguramente has mejorado mucho tu técnica. Tal vez sea un buen momento para subir una rayita de dificultad. Busca un espacio o evento de acuerdo con tu nivel de aprendizaje que te permita mostrar tus avances y apúntate. Puede ser un recital, una exposición, un casting o hasta puedes subir tus obras a redes sociales como galería virtual. Ver tus resultados te hará sentir más motivado y quizás en un golpe de suerte hasta puedas vender tus piezas o convertirte en influencer.

ESPACIO O EVENTO:	
FECHA:	LUGAR::
OBJETIVO:	
RESULTADO:	

SEMANA 11

No huyo de un reto porque tenga miedo.
Al contrario, corro hacia el reto porque la única forma
de escapar al miedo es arrollarlo con tus pies.
NADIA COMANECI

OBJETIVO SEMANAL

Define tus objetivos para esta semana. Recuerda que deben ser SMART (específicos, medibles, alcanzables, realistas, temporales).

RUTA 1: búsqueda de empleo _____

RUTA 2: negocio propio _____

RUTA 1
Regístrate

Escoge dos bolsas de trabajo de empresas de tu interés y regístrate. Sube tu CV y empieza a explorar vacantes.

_____

_____

Empresas en la mira

Investiga sobre tres empresas en las que te gustaría trabajar. Visita su sitio web, accede a su bolsa de trabajo y llama para preguntar por vacantes.

EMPRESA:	
SITIO WEB:	TELÉFONO:
VACANTE:	

EMPRESA:	
SITIO WEB:	TELÉFONO:
VACANTE:	

EMPRESA:	
SITIO WEB:	TELÉFONO:
VACANTE:	

Nuevos contactos

Llama a tres amigos cercanos y pídeles que te proporcionen un contacto nuevo que te ayude en tu búsqueda. Llámalos también, aclara quién te compartió su contacto y explícales tu situación.

AMIGO:	CONTACTO NUEVO:	CELULAR:
RESULTADOS:		

AMIGO:	CONTACTO NUEVO:	CELULAR:
RESULTADOS:		

AMIGO:	CONTACTO NUEVO:	CELULAR:
RESULTADOS:		

LinkedIn

Envía entre 10 y 20 solicitudes de contacto.

Entrevistas

Registra las entrevistas que has tenido esta semana y lleva un control de tus avances.

EMPRESA:	NÚMERO DE ENTREVISTA EN ESA EMPRESA:
ENTREVISTADOR:	PUESTO DEL ENTREVISTADOR:

TIPO DE PREGUNTAS:
___ PERSONALES   ___ TÉCNICAS   ___ ANALÍTICAS   ___ DE COMPETENCIAS

¿CÓMO ME SENTÍ?

¿QUÉ RESULTÓ BIEN?

¿QUÉ PUEDO MEJORAR?

EMPRESA:	NÚMERO DE ENTREVISTA EN ESA EMPRESA:
ENTREVISTADOR:	PUESTO DEL ENTREVISTADOR:

TIPO DE PREGUNTAS:
___ PERSONALES   ___ TÉCNICAS   ___ ANALÍTICAS   ___ DE COMPETENCIAS

¿CÓMO ME SENTÍ?

¿QUÉ RESULTÓ BIEN?

¿QUÉ PUEDO MEJORAR?

Seguimiento

Realiza las tareas de la semana pasada que no has concluido. Actualiza la tabla de tu libreta o tu archivo de Excel donde registraste todas las empresas que has contactado hasta ahora.

RUTA 2
Pitch de negocios

Con todos los datos que has reunido y tu proyecto bien planteado, estructura tu pitch de negocios; es decir, una presentación que dure de tres a cinco minutos en la que puedas condensar toda tu idea, sus ventajas, cómo lo lograrías así como las razones por las cuales funcionaría. Escribe el guion y luego diseña los soportes gráficos que te servirán para acompañar tu discurso. Te recomiendo que consultes en internet videos de personas que presentan sus pitchs a los inversionistas, analiza sus estrategias, imita las buenas prácticas e identifica los errores más comunes. Después, ensaya tu pitch con tus amigos, familia y posibles clientes.

ACTIVIDADES RECREATIVAS

Recupera tus relaciones

¿Qué fiesta o reunión hay esta semana? Si no tienes nada agendado, organiza una comida en un restaurante con amigos de la escuela.

- ► ¿Quiénes van? _____
_____
- ► ¿Quiénes podrían ayudarme? _____
_____
- ► ¿Cuál es mi objetivo? _____
_____

Lectura

Compra un libro motivacional y léelo a lo largo de la semana.

Libro: _____

- ► ¿Qué me aportó la lectura a la búsqueda de empleo? _____
_____
_____

Acude a un evento

Acude a una exposición, congreso o convención. Averigua fechas y compra los boletos. Aprovecha la experiencia para conocer a nuevas personas, identificar empleos disponibles y detectar oportunidades.

EVENTO:	
FECHA:	LUGAR::
OBJETIVO:	
RESULTADO:	

SEMANA 12

Puedes llegar a cualquier parte, siempre que andes lo suficiente.
LEWIS CARROLL

OBJETIVO SEMANAL

Define tus objetivos para esta semana. Recuerda que deben ser SMART (específicos, medibles, alcanzables, realistas, temporales).

RUTA 1: búsqueda de empleo _____

RUTA 2: negocio propio _____

RUTA 1

Regístrate

Escoge dos bolsas de trabajo de empresas de tu interés y regístrate. Sube tu CV y empieza a explorar vacantes.

_____

_____

Empresas en la mira

Investiga sobre tres empresas en las que te gustaría trabajar. Visita su sitio web, accede a su bolsa de trabajo y llama para preguntar por vacantes.

EMPRESA:	
SITIO WEB:	TELÉFONO:
VACANTE:	

EMPRESA:	
SITIO WEB:	TELÉFONO:
VACANTE:	

EMPRESA:	
SITIO WEB:	TELÉFONO:
VACANTE:	

Vincúlate

Escribe dos contactos de amigos con quienes quedarás de verte esta semana:

NOMBRE:		CELULAR:
INTERÉS:		
DÍA:	HORA:	LUGAR:

NOMBRE:		CELULAR:
INTERÉS:		
DÍA:	HORA:	LUGAR:

Entrevistas

Registra las entrevistas que has tenido esta semana y lleva un control de tus avances.

EMPRESA:	NÚMERO DE ENTREVISTA EN ESA EMPRESA:
ENTREVISTADOR:	PUESTO DEL ENTREVISTADOR:

TIPO DE PREGUNTAS:
___ PERSONALES   ___ TÉCNICAS   ___ ANALÍTICAS   ___ DE COMPETENCIAS
¿CÓMO ME SENTÍ?
¿QUÉ RESULTÓ BIEN?
¿QUÉ PUEDO MEJORAR?

EMPRESA:	NÚMERO DE ENTREVISTA EN ESA EMPRESA:
ENTREVISTADOR:	PUESTO DEL ENTREVISTADOR:

TIPO DE PREGUNTAS:
___ PERSONALES ___ TÉCNICAS ___ ANALÍTICAS ___ DE COMPETENCIAS

¿CÓMO ME SENTÍ?
¿QUÉ RESULTÓ BIEN?
¿QUÉ PUEDO MEJORAR?

Seguimiento

Realiza las tareas de la semana pasada que no has concluido. Actualiza la tabla de tu libreta o tu archivo de Excel donde registraste todas las empresas que has contactado hasta ahora.

RUTA 2
Plan de negocios

Finalmente, reúne todas las tareas que has realizado para tu RUTA 2 en el plan de negocios para tu proyecto. Revisa cada etapa, corrige lo que sea necesario y agrega lo que creas útil. Envíaselo a un par de personas de confianza para que lo lean y te den su opinión. Considera su retroalimentación y modifica lo que sea conveniente. Crea un documento con un diseño atractivo, imprímelo a color, agrega los documentos que requieras para el financiamiento que has escogido y engargólalo. ¡Ya estás listo para buscar a un socio, un inversionista o un crédito para poder arrancar con el negocio!

ACTIVIDADES RECREATIVAS

Recupera tus relaciones

¿Qué fiesta o reunión hay esta semana? Si no tienes nada agendado, organiza una comida en un restaurante con amigos de la escuela.

- ► ¿Quiénes van? _____

    _____

- ► ¿Quiénes podrían ayudarme? _____

    _____

- ► ¿Cuál es mi objetivo? _____

    _____

Un fin de semana en familia

Ponte de acuerdo con tu familia y organiza un fin de semana especial en el que vayan a comer a un parque, ideen algún juego como un rally o una búsqueda del tesoro, inventen canciones y hagan una reta de futbol. En línea encontrarás muchas ideas para llevar a cabo y que tienen un costo muy bajo.

¡Felicidades, has terminado el tratamiento! Si has seguido mis instrucciones y las actividades que te he propuesto, muy probablemente tengas ya una o varias ofertas de trabajo y un proyecto de negocio propio listo para arrancar. ¡Gracias por tu paciencia, disciplina y esfuerzo!

Si no es así, te recomiendo apegarte a la rutina de ejercicios unas semanas más o solicitar un coaching personalizado en la Academia Mundial de la Empleabilidad y Bolsa de Trabajo (http://www.bolsasdetrabajo.com.mx/) para que revisemos tu caso particular y te ayudemos a conseguir el trabajo que deseas.

Espero que este libro te haya ayudado a superar la pérdida de tu empleo y te haya motivado para retomar el camino. Recuerda que el desempleo es un motivo para hacer un cambio en tu vida y avanzar hacia tu RUTA. ¡Mucho éxito en tu nueva etapa de tu vida laboral o en tu emprendimiento! Por mi parte, querido paciente, estás dado de alta.

Tu nuevo empleo está a la vuelta de la esquina,
sólo abre la puerta y sal de tu casa.

Jorge Muniain,
DOCTOR EMPLEO

Doctor empleo de Jorge Muniain
se terminó de imprimir en septiembre de 2020
en los talleres de
Impresora Tauro, S.A. de C.V.
Av. Año de Juárez 343, col. Granjas San Antonio,
Ciudad de México